Detlev Jöcker (Hrsg.)

# Villa Menschenkinder

## Mit Kindern kreativ kochen und singen

**Illustrationen:** Barbara Stachuletz

2. Auflage 2009
Menschenkinder® Verlag, 48157 Münster


**Redaktion:** Jutta Nymphius, Hamburg
**Notengrafik:** Menschenkinder® Verlag, Münster
**Satz und Layout:** FACHWERK Werbe- und Projektagentur, Münster
**Druck:** Druckerei Himmer, Augsburg

Printed in Germany 2009

Die Deutsche Bibliothek – CIP-Einheitsaufnahme

Villa Menschenkinder [Medienkombination] : Mit Kindern kreativ kochen und singen / Detlev Jöcker (Hrsg.). Ill.: Barbara Stachuletz. Musik. Detlev Jöcker. – Münster : Menschenkinder®
ISBN 13: 978-3-89516-244-2

Buch. - 2009

Menschenkinder®

## Kapitel 3



## Die Koch- und Mitmachlieder auf der beiliegenden CD

**Lied: Lecker, lecker, lecker**
Aus: CD/MC/Buch
„Ein kleiner Käfer geht spazieren"

**Lied: Schnuppi Schnuppernase**
Aus: CD/MC/Buch
„Ein kleiner Käfer geht spazieren"

**Lied: Jahreszeitenlied**
Aus: CD/MC/Buch:
„Elefantis Liederwiese"

**Lied: Ritsche-ratsche-rutsch, wenn ich die Zähne putz**
Aus: CD/MC/Buch: „Denkt euch nur, der Frosch war krank"

**Lied: In unserer Küche, da ist heut was los** Aus: CD/MC/Buch: „Bei uns zu Hause tut sich was"

**Lied: Pizza in den Haaren**
Aus: CD/MC/Buch: „Bei uns zu Hause tut sich was"

**Lied: Obstsalat**
Aus: CD/MC/Buch: „Und weiter geht's im Sauseschritt"

**Lied: Meine beiden Hände drehn sich rundherum** Aus: CD/MC/Buch: „Mile male mule, ich gehe in die Schule" – Jubiläumsausgabe

**Lied: Wenn ein Eisbär Hunger hat**
Aus: CD/MC/Buch: „Kleiner Eisbär, kennst du den Weg?"

**Lied: Der Tisch ist heute meine Trommel** Aus: CD/MC/Buch: „Es geht mir gut!"

**Lied: Das Lied vom Wackelpudding**
Aus: CD/MC/Buch „Oh, du schöne Spielezeit"

**Lied: Wischi wischi waschi**
Aus: CD/MC/Buch:
„1, 2, 3 wir singen mit"

**Lied: Popcorn-Fieber**
Aus: CD/MC/Buch: „Pop Fieber"

**Lied: Im großen Wald von Pitzenstein**
Aus: CD/MC/Buch:
„Si-Sa-Singemaus"

*Alle Titel veröffentlicht im Menschenkinder Verlag (www.menschenkinder.de)*

# Vorwort

Das tägliche Kochen für Kinder stellt eine echte Herausforderung dar: Möglichst gesund soll das Essen sein, die Zubereitung muss meist schnell gehen und schmecken soll das Ganze natürlich auch – und zwar allen! Geht das überhaupt?

Es geht! Die in diesem Buch gesammelten Rezepte stammen allesamt von erfahrenen Müttern und sind durchweg in der Praxis erprobt. Die beschriebenen Gerichte sind „kindersicher“, d.h. sie verzichten auf Zutaten, die Kinder in der Regel sowieso nicht essen, und können ohne großen Aufwand nachgekocht werden. Wenn möglich, sollten die Kinder hierbei miteinbezogen werden, denn so begeistert man sie am schnellsten fürs Essen: Die Tipps „So helfen kleine Köche“, die zu jedem Rezept gegeben werden, zeigen, wie Kinder verschiedener Altersstufen sinnvoll mithelfen können. Und für den Fall, dass die Geschwisterkinder unterschiedliche Vorlieben haben, gibt es zusätzlich die „Tipps für Schleckermäuler“: Hier werden Hinweise gegeben, wie das jeweilige Gericht schnell und unkompliziert variiert werden kann.
Auf diese Weise können ganz persönliche Familien-Gerichte entstehen, die natürlich auch einen eigenen Namen benötigen: Den Kindern wird es großen Spaß machen, ihr Lieblingsgericht zu „taufen“. Der Name kann im Buch auf der Linie beim jeweiligen Rezept eingetragen werden.

Schließlich sollen Spaß und Vergnügen nicht zu kurz kommen, denn Kochen und Essen sind ein Fest für alle Sinne: Die eingestreuten Lieder und Geschichten greifen auf vergnügliche Art und Weise das Thema auf und stellen eine willkommene Abwechslung beim Vor- und Zubereiten dar. Mit Singen und Vorlesen können Wartezeiten überbrückt werden, oder die fleißigen Finger der kleinen Köche werden zwischendurch mit Bewegungsliedern wieder gelockert. Somit wird der CD-Player zu einem neuen und etwas ungewöhnlichen Küchengerät ...

Wir bedanken uns sehr herzlich bei allen Müttern und Vätern, die uns ihre Rezepte zur Verfügung gestellt haben; ohne sie wäre dieses Buch niemals Zustande gekommen.

Allen großen und kleinen Menschenkindern wünschen wir guten Appetit!

## Kapitel 1

# Lecker, lecker, lecker

## Schnelle Gerichte für jeden Tag

„Mama, was gibt es heute?“
Nicht selten ist dies die erste Frage der Kinder, wenn sie von Schule oder Kindergarten nach Hause kommen. Und nicht selten schaut die Mutter bei der Antwort in lange Gesichter.
Dabei ist es gar nicht so schwer, auch in der Hektik des Alltags gesund, abwechslungsreich und dazu noch schmackhaft zu kochen! Die folgenden Rezepte sind gelungene Beispiele hierfür. Und das Beste: Sie sind allesamt schnell zubereitet!

# Lecker, lecker, lecker (Was schmeckt gut?)

Text: August van Bebber / Musik: Detlev Jöcker

**2.** Erdbeern in Tomatensaft,
Senf im Obstsalat gibt Kraft.
Jogurt brät man sich mit Reis,
Orangensaft ist kreideweiß.

**Refrain:**
Lecker, lecker, lecker, lecker.
Hmmh! Das schmeckt ja fabelhaft.
Igittegittegittegitt!
Wer hat sich das nur ausgedacht?
Lecker, lecker, lecker, lecker.
Hmmh! Das schmeckt ja fabelhaft.
Igittegittegittegitt!
Das schmeckt ja wirklich grauenhaft.

**3.** Pudding schmeckt mit Ketchup toll,
Eis in Suppe wundervoll.
Auf Bratwurst muss man Sahne sprühn,
Orangensaft ist dunkelgrün.

**Refrain:**
Lecker, lecker, lecker, lecker ...

**Spielanleitung:**
Dieses Lied ist eine musikalische Vorspeise für das Kochen und schafft garantiert gute Laune.
Wenn die Mama singt: „Lecker, lecker, lecker, lecker. Hmmmh! Das schmeckt ja fabelhaft!", können die Kinder singen: „Igittegittegittegitt! Das schmeckt ja wirklich grauenhaft!" Dabei halten sie ihre Hände auf den Bauch.

# Dinkelspaghetti mit Gemüse-Schinken-Soße

(Eingereicht von Beate Gerbasich)

**Bei uns heißt das Gericht:** ______________________________

**Wir benötigen:**

1 kl. rote Zwiebel
Olivenöl
3 Karotten
1-2 kleine Zucchini
10 g Speck oder Schinken
Salz, Pfeffer
250 ml Crème fine
500 g Dinkelspaghetti

**So geht's:**

- ► Die Zwiebel klein hacken und in etwas Olivenöl andünsten.
- ► Karotten schälen, Zucchini waschen und beides raspeln.
- ► Das Gemüse zu den Zwiebeln geben und mitgaren.
- ► Speck oder Schinken würfeln und dazugeben.
- ► Mit Salz und Pfeffer abschmecken und Crème fine unterrühren.
- ► Die Dinkelspaghetti werden nach Packungsanweisung gekocht und frisch serviert.

**So helfen kleine Köche:**

- Zucchini waschen.
- Schinken würfeln oder in Stückchen reißen.
- Ältere Kinder raspeln an einer Handreibe die Zucchini.

**Tipps für Schleckermäuler:**

Gekochter Schinken muss nicht mitgegart werden. Man kann ihn auch einfach nur würfeln und in einem Schälchen auf den Tisch stellen. Die Kinder streuen ihn sich dann allein über die Soße - das lieben vor allem die Kleinen!

# Rote Nudeln

(Eingereicht von Tanja Ruf, Denkingen)

*„Das Rezept der ‚Roten Nudeln' habe ich von meiner Schwiegermutter erhalten. Mein Mann hat das Gericht schon als Kind geliebt, und das Gleiche gilt nun für unseren Sohn!"*

**Bei uns heißt das Gericht:** ____________________

**Wir benötigen:**

1 Packung Nudeln nach Wahl
einige frische Champignons
1 Paprika
250 g gekochter Schinken
4 Essiggurken
Öl
1 Dose Tomatenmark
1 Packung geriebenen Käse
Pizzagewürz
evtl. Salz

**So geht's:**

- Nudeln nach Packungsanweisung kochen und abtropfen lassen.
- Champignons und Paprika waschen und putzen. Das gesamte Gemüse klein schneiden.
- Schinken würfeln.
- Gemüse in eine Pfanne geben, in Öl gut anbraten und auf kleiner Flamme garen.
- Nudeln und Schinken unterrühren.
- Tomatenmark, Käse und Pizzagewürz zum Schluss dazugeben. Evtl. nachsalzen.

**So helfen kleine Köche:**

- Champignons und Paprika waschen.
- Schinken würfeln oder in Stückchen reißen.

**Tipps für Schleckermäuler:**

Nicht alle Schleckermäuler sind auch Essiggurken-Fans. In dem Fall können die Gurken auch einfach auf den Tisch gestellt und nach Belieben nebenher geknabbert werden.

# Heute kochen wir für Mama!

„Ich glaube, ich muss mich noch einmal hinlegen“, seufzt Mama nach dem Frühstück und greift sich mit der Hand an die Stirn. „Ich vertrage den Wetterumschwung nicht, mir tut der Kopf so weh!“

Arme Mama! Sie sieht wirklich etwas blass aus. Tatsächlich waren sie alle fünf gestern noch zum Baden am Baggersee gewesen, heute dagegen ist es windig und regnerisch. Bei einem solch schnellen Wetterwechsel bekommt Mama jedes Mal Kopfschmerzen. Papa schaut sie ganz mitleidig an und begleitet sie zum Bett, Lena deckt sie zu und Lisa flitzt auf ihren kurzen Beinchen herbei und legt ihr Schmusekissen neben Mamas Kopf. Lennart ist rasch in die Küche gegangen, um ein Glas Saft zu holen. Auch einen feuchten Waschlappen bringt er mit und legt ihn auf Mamas Stirn.

„Vielen Dank“, sagt Mama und lächelt ein wenig matt. „Sobald es mir besser geht, stehe ich auf, um das Mittagessen zu kochen.“

„Du bleibst schön liegen“, bestimmt Papa und reibt ihr ein paar Tropfen Pfefferminzöl auf die Schläfen. „Das schaffen wir auch ausnahmsweise mal allein. Nicht wahr, Kinder?“

„Na klar“, antworten die drei wie aus einem Munde. Und Lennart fragt noch: „Was möchtest du denn gern essen, Mama?“

„Etwas ganz Einfaches, das euch nicht zu viel Mühe macht“, wünscht sich Mama. „Zum Beispiel mögen wir doch alle gern Nudeln.“

Damit sind alle einverstanden. Die Kinder können es kaum erwarten, endlich mit dem Kochen zu beginnen. Kaum sind sie mit Papa in der Küche, reden sie alle laut durcheinander.

„Ich möchte Nudeln mit Käsesoße!“, ruft Lennart. „Und mit Schinkenstückchen drin!“

„Ich mag aber keinen Schinken!“, protestiert Lena. „Käsesoße schmeckt mir nur mit Mais!“

Papa runzelt die Stirn und schaut die beiden ratlos an. „Ich dachte eigentlich an Tomatensoße mit gewürfelter Jagdwurst“, wendet er ein. „Das war schon als Kind mein Leibgericht, ich kann es ziemlich gut kochen und schnell geht es auch!“

„Matensoße“, wiederholt die kleine Lisa, öffnet den Küchenschrank und holt eine kleine Dose Tomatenmark heraus. „Lisa auch Matensoße!“

„Aber Mama mag am liebsten Tunfisch, glaube ich“, überlegt Lennart laut. „Oder Spinat. Und wir wollen ja für sie kochen, damit sie schnell wieder gesund wird.“

Papa nickt, schaut jedoch ganz verwirrt drein. „Aber meine Lieben“, sagt er, „soll ich denn Tomaten-Käsesoße mit gewürfeltem Spinatmais, Jagdwurstscheiben und Schinkentunfisch kochen, damit alle zufrieden sind?“
„Iiiiiih“, rufen alle drei Kinder - und halten sich die Bäuche vor Lachen!
Dann jedoch machen sich alle an die Arbeit. Papa kocht eine Soße, bei der den Kindern schon vom Zusehen das Wasser im Mund zusammenläuft. Lennart darf Schinken und Jagdwurst in kleine Würfel schneiden, bevor er sie in Schälchen füllt. Lena zerpflückt mit zwei stumpfen Gabeln den Inhalt einer Dose Tunfisch. Auch Lisa hilft. Sie hat zwei Plastikschälchen vor sich auf ihrem Hochstuhl stehen. Mit ihren winzigen Fingern nimmt sie ein Maiskörnchen nach dem anderen aus dem einen Schälchen und legt sie in das andere. Manche jedoch wandern auch gleich in ihren Mund.
Als die Soße fertig ist, setzt Papa einen großen Topf Wasser auf den Herd und deckt den Tisch. Lena, die mit ihrer Arbeit zuerst fertig ist, hilft ihm dabei.
„Geschafft!“, sagt Lennart, als er seine beiden bis oben hin gefüllten Schälchen auf den Esstisch gestellt und sein Messer in die Spüle gelegt hat. „Jetzt gehe ich nachschauen, ob Mama wach ist und Hunger hat!“
Tatsächlich sieht Mama schon viel munterer aus, als er leise ins Schlafzimmer tritt. „Die Ruhe hat mir sooo gut getan“, erzählt sie und richtet sich auf. „Hmmm, wie gut das duftet! Was gibt es denn?“
Lennart strahlt vor Stolz. „Etwas ganz Tolles! Wir haben eine Soße gemacht, in die sich jeder das hineintun darf, was ihm am besten schmeckt!“
Und wie ihnen das schmeckt, als sie alle etwas später bei Tisch sitzen! Mama isst sogar zwei Teller voll, weil sie alle Zutaten probieren möchte, die ihre Kinder vorbereitet haben. Dann blickt sie lächelnd in die fröhliche Runde. „Und wie nennen wir jetzt euer tolles Gericht?“, fragt sie.
Alle überlegen angestrengt, doch es will ihnen kein geeigneter Name einfallen. Schließlich löst ausgerechnet die kleine Lisa das Problem.
Sie hält ihren Teller in die Höhe und verlangt:
„Mehr Wunschnudeln!“

# Deftige Nudelpfanne

(Eingereicht von Julia Röth, Löhnberg)

**Bei uns heißt das Gericht:** ______________________________

**Wir benötigen:**

500 g Spiralnudeln
250 g (ungepökelte) Jagdwurst
1 kl. Zwiebel
Öl
1 Packung Tomatenstückchen mit Kräutern
Salz, Pfeffer

**So geht's:**

- ► Die Nudeln in reichlich Salzwasser gar kochen und abtropfen lassen.
- ► Die Zwiebel schälen und klein schneiden; die Jagdwurst würfeln. Beides in einer großen Pfanne mit etwas Öl anbraten.
- ► Die Nudeln in die Pfanne geben und die Tomatenstückchen unterrühren. Alles warm werden lassen und nach Belieben würzen.

**So helfen kleine Köche:**

- Wurst in Würfel schneiden.

**Tipps für Schleckermäuler:**

Natürlich kann das Gericht mit jeder anderen (ungepökelten) Schleckermaul-Lieblingswurst zubereitet werden.

# Gesunde Ketchup-Nudeln

(Eingereicht von Doreen Gerstenberger, Leipzig)

**Bei uns heißt das Gericht:** ______________________

**Wir benötigen:**
500 g Vollkornnudeln
etwas Butter
2 TL Mehl
1/2 l Brühe
etwas Sahne
Ketchup ohne Zucker (Bioladen)
2 Kugeln Mozzarella
1 Bund Basilikum
Salz, Zucker

**So geht's:**
- ► Aus Butter und Mehl eine Schwitze zubereiten, mit Brühe ablöschen.
- ► Ketchup nach Belieben hinzufügen und die Soße mit Sahne, Salz und Zucker abschmecken.
- ► Den in Würfel geschnittenen Mozzarella dazugeben und das Ganze mit Basilikumblättchen garnieren.
- ► Nudeln nach Anweisung garen und mit der Soße servieren.

**So helfen kleine Köche:**
- Mozzarella würfeln.
- Basilikum waschen und Blättchen abzupfen.

**Tipps für Schleckermäuler:**

Jedes Kind darf sich selbst am Tisch seine Nudeln mit den Mozzarella-Würfeln und dem Basilikum garnieren. Wenn man den Käse tief in die noch warme Soße hineinsteckt, wird er schön weich.

## Schnuppi Schnuppernase (Riechen)

Text: August van Bebber / Musik: Detlev Jöcker

A
Strophe
Duft. Ket - chup! Ja, es ist ge - wiss. Er
riecht, hier ist ein Schnell - im - biss.
D
Bra - ten, Speck und Wurst vom Schwein, das
am
kann doch nur der Metz-ger sein. Fri-scher Fisch, na ist doch klar, dass
E
Schnup-pi auf dem Markt-platz war. Und sein Ma-gen knurrt und zwickt. Er
E
wird vor Hun - ger fast ver-rückt. Schnup - pi
A
Refrain
E
Schnup - per - na - se, der hat im - mer gro - ßen Hun - ger. Er ist
A
furcht - bar gern, das ist sein gro - ßer Kum - mer. Schnup - pi

**Da Capo Refrain**

**2.** Jetzt riecht es besonders fein.
Das muss doch wohl ein Bäcker sein!
Kuchen, Sahne, Eiskonfekt,
er hat sein Leibgericht entdeckt,
dann die Schüssel ausgeleckt.
Hmm! Das hat sehr gut geschmeckt.
Wieder hat er es geschafft,
mit seiner Supernasenkraft.

**Refrain:**
Schnuppi Schnuppernase,
der hat immer großen Hunger.
Er isst furchtbar gern,
das ist sein großer Kummer.
Schnuppi Schnuppernase
streckt die Nase in die Luft.
Ein echter Nasendetektiv,
er schnuppert einfach jeden Duft.

**Spielanleitung:**
Bevor das Lied gesungen wird, schnuppern alle kleinen Köche mit ihren Nasen an den Zutaten und können beschreiben, was sie riechen. Riecht es süßlich, sauer, angenehm usw. Im Refrain strecken die Kinder ihre Nasen in die Luft und bellen anschließend ganz laut mit.

# Spaghetti mit Tunfisch

(Eingereicht von Elke Melzer, Moers)

*„Meine Kinder können nicht genug davon bekommen!"*

**Bei uns heißt das Gericht:** ______________________________

**Wir benötigen:**

250 g Spaghetti
1 kl. Zwiebel
Öl
1 Dose Tunfisch
1 kl. Dose Champignons
1 Becher Sahne
Salz, Pfeffer, Knoblauch
etwas Soßenbinder
2 EL frische oder getrocknete Petersilie

**So geht's:**

- Zwiebel in kleine Stücke schneiden und in Öl glasig dünsten.
- Tunfisch und Champignons dazugeben und erwärmen. Mit Salz, Pfeffer und Knoblauch abschmecken.
- Mit Sahne ablöschen und die Soße ggf. mit Soßenbinder andicken.
- Spaghetti in der Zwischenzeit nach Vorschrift kochen, Soße darübergeben und mit Petersilie bestreuen.

**So helfen kleine Köche:**

- Petersilie waschen, zerpflücken und zum Schluss über die Nudeln streuen.

**Tipps für Schleckermäuler:**

Statt mit Champignons schmeckt diese Soße auch mit Erbsen gut! Dazu einfach eine kleine Menge tief gekühlter Erbsen mit dem Tunfisch in die Pfanne geben und wie beschrieben weiterkochen – lecker!

# Mais-Käse-Soße für Nudeln

(Eingereicht von Barbara Sonntag, Vlotho)

**Bei uns heißt das Gericht:** ____________________

**Wir benötigen:**

1 Zwiebel
2 EL Margarine
2 EL Mehl
1/4 l Gemüsebrühe
1/4 l Milch
200 g Sahneschmelzkäse
1 Dose Mais mit Flüssigkeit
Salz, Pfeffer aus der Mühle, Fondor, Sojasoße, gemahlener Ingwer, Curry, Oregano

**So geht's:**

- ► Die Zwiebel in Würfel schneiden und in der ausgelassenen Margarine anbraten.
- ► Mehl darübergeben, kurz weiterbräunen und die Masse mit Brühe und Milch ablöschen.
- ► Schmelzkäse hinzufügen und unter Rühren auflösen.
- ► Mais dazugeben und die Soße mit den Gewürzen abschmecken.

**So helfen kleine Köche:**

- Milch und Brühe (unter Aufsicht) in den Messbecher gießen.
- Mit Mama oder Papa vorsichtig den Schmelzkäse unterrühren.

**Tipps für Schleckermäuler:**

Echte Käse-Fans vermengen die Nudeln mit der Soße, geben sie in eine gefettete Auflaufform und bestreuen sie mit geriebenem Käse. Bei 180 Grad wird das Ganze überbacken, bis sich die Kruste goldgelb färbt!

# Vegetarischer Nudelauflauf

(Eingereicht von Jürgen Hock, Dorfprozelten)

**Bei uns heißt das Gericht:** ____________________

**Wir benötigen:**

250 g Spirelli-Nudeln
1 Dose Champignons
3 – 4 Sojawürstchen (400 g)
1 Dose Mais
1 – 2 Becher süße Sahne
1/2 Tube Tomatenmark
200 g geriebenen Käse
Salz, Paprika, Muskat, gemahlenen Kümmel, Pfeffer

**So geht's:**

- Nudeln laut Packungsanweisung in Salzwasser garen. Abtropfen lassen.
- Champignons und Sojawurst klein schneiden. Mit den Nudeln und dem Mais in eine Auflaufform geben.
- Die Sahne mit dem Tomatenmark verrühren, würzen und über den Auflauf gießen.
- Das Ganze mit geriebenem Käse bestreuen und ca. 20 Minuten bei 200 Grad überbacken.

**So helfen kleine Köche:**

- Wurst klein schneiden.
- Die Sahne mit dem Tomatenmark verrühren und die fertig gewürzte Soße über den Auflauf gießen.

**Tipps für Schleckermäuler:**

Wer Mais nicht mag, kann ihn leicht durch sein Lieblingsgemüse ersetzen. Wie wäre es beispielsweise mit Erbsen, Möhrchen oder in Streifen geschnittener Paprika?

# Dann koche ich eben selbst!

„Mama, was gibt es heute?“, fragt Lena, als sie aus dem Kindergarten nach Hause kommt. „Kochst du wieder Nudeln mit Tomatensoße?“
„Das hatten wir doch gestern erst“, erwidert Mama und öffnet die Kühlschranktür, um in das Gemüsefach zu greifen, „und letzte Woche auch zwei Mal. Irgendwann müssen wir auch mal etwas anderes essen!“
„Warum?“ Lena schiebt die Unterlippe vor. „Nudeln mit Tomatensoße ist mein Lieblingsessen, und das von Lisa und Lennart auch. Nicht, Lisa?“, fragt sie und hebt den Schnuller auf, der ihrer kleinen Schwester gerade heruntergefallen ist. Lisa juchzt vor Vergnügen, als Lena ihn unter dem Wasserhahn abspült und ihr dann zurückgibt.
„Trotzdem kann ich nicht jeden Tag Nudeln kochen“, beharrt Mama. Mit energischen Bewegungen beginnt sie, eine Dose Mais zu öffnen. „Um gesund zu bleiben und tüchtig zu wachsen, müsst ihr auch ab und zu mal Gemüse essen. Und deshalb gibt es heute einen leckeren Auflauf!“
„Will ich aber nicht!“, ruft Lena. In ihren Augen schwimmen sogar schon Tränen. „Dann koche ich eben selbst!“
Einen Moment lang wartet sie noch auf Mamas Protest, doch nichts geschieht. Mama ist heute ziemlich in Eile, denn gleich wird Lennart aus der Schule kommen, und nach dem Essen hat sie mit ihm einen Termin beim Zahnarzt. Deshalb lässt sie ganz schnell den Mais in einem Sieb abtropfen, erhitzt Wasser in einem Topf und nimmt ein paar frische Champignons aus dem Kühlschrank, ohne weiter mit Lena zu streiten. Auch als Lena aus dem Küchenschrank eine halbe Tüte Nudeln und eine Tube Tomatenmark findet und damit verschwindet, sagt sie nichts.
Im Kinderzimmer holt Lena ihren neuen Puppenherd aus dem Regal, sucht zwei große Töpfe heraus und füllt diese im Bad mit Wasser. In den einen legt sie eine Hand voll Nudeln und in den anderen drückt sie etwas Tomatenmark. Sie rührt kräftig um, schaltet den Herd ein und wartet darauf, dass ihr Essen fertig wird. Dann deckt sie sogar den Kindertisch mit ihrem festlichen Puppengeschirr aus echtem Porzellan, genau wie Mama es im Esszimmer immer macht. Schließlich nimmt sie einen großen Löffel, füllt damit Nudeln auf einen Teller und gibt etwas von ihrer ersten selbst gekochten Tomatensoße darüber. Hungrig setzt sie sich hin und schiebt sich den ersten Bissen in den Mund.
Aber was ist das? Die Nudeln sind noch ganz hart und auch die Tomatensoße schmeckt gar nicht so lecker wie sonst! Wie kann das nur sein?

Einen Augenblick lang überlegt Lena, ob sie Mama um Hilfe bitten soll. Da bemerkt sie, wie es aus der Küche verführerisch zu duften beginnt. Schon hört sie Mamas Schritte eilig näher kommen.
„Lena“, ruft Mama und öffnet die Kinderzimmertür mit so viel Schwung, dass sie beinahe gegen Lisas Gitterbettchen stößt, „irgendwie bekomme ich heute die Soße nicht hin, du musst unbedingt mal probieren und mir sagen, was da noch fehlt.“ Sie wirft einen Blick auf den Puppenherd und den schön gedeckten Kindertisch. „Du bist ja schon eine richtige kleine Köchin, du kannst mir bestimmt helfen. Machst du das?“
So schnell ist Lena noch nie in die Küche gesaust. Neugierig begutachtet sie eines von den Würstchen, die auf einem kleinen Holzbrettchen liegen, während Mama einen Löffel für sie in die Soße taucht und vorsichtig pustet. Lena kostet die Soße mit fachmännischer Miene.
„Schmeckt gut“, sagt sie schließlich. „Aber ich glaube, diese Würstchen müssen noch hinein. In ganz dünne Scheiben geschnitten.“
„Tolle Idee!“ Mama strahlt Lena an und gibt ihr ein stumpfes Messer. „Das darfst du machen, ja? Danach rührst du alles noch einmal schön um und ich halte den Topf fest, damit nichts danebengeht. Dann füllen wir die Soße gemeinsam in die Auflaufform. Lennart wird staunen, wie gut unser Mittagessen heute schmeckt!“
Und auch Lena schmeckt es ganz besonders gut, als sie schließlich alle gemeinsam am Tisch sitzen. Schließlich hat sie ja mitgekocht. Und wer hätte gedacht, was in dem Auflauf unter dem Gemüse steckt? Na klar, das sind – Nudeln!

# Spaghetti mit Spinat

(Eingereicht von Christine Fehér, Berlin)

**Bei uns heißt das Gericht:** ______________________________

## Wir benötigen:

500 g Spaghetti
1 EL Margarine
1 Zwiebel
2 Pakete TK-Rahmspinat
250 g mageren gekochten Schinken
Salz, Pfeffer
geriebenen Parmesankäse

## So geht's:

- ► Spaghetti nach Anweisung kochen.
- ► Zwiebel würfeln und in der Margarine anbraten. Spinat darin bei mittlerer Hitze unter Rühren auftauen, kurz aufkochen.
- ► Schinken würfeln und zum Spinat geben, würzen.
- ► Mit den Nudeln anrichten und nach Belieben mit Parmesankäse bestreuen.

## So helfen kleine Köche:

- Schinken würfeln.
- Den Parmesankäse über die Nudeln streuen.

**Tipps für Schleckermäuler:**

- Schinken und Käse werden separat auf den Tisch gestellt, und jedes Kind darf sich sein eigenes „Muster“ auf die Nudeln streuen.
- Erwachsene drücken sich gern eine Knoblauchzehe in die Spinatmasse.

# Spinat-Nudel-Auflauf

(Eingereicht von Cornelia Borling, Enger)

**Bei uns heißt das Gericht:** ______________________

**Wir benötigen:**

250 g Bandnudeln
gekörnte Brühe
200 g TK-Spinat
1/4 l Sahne
geriebenen Käse
3 EL Butter
Salz, Pfeffer, Muskat

**So geht's:**

- Die Nudeln nach Packungsangabe in der Brühe kochen.
- Den Spinat in der Zwischenzeit in einem weiteren Topf garen.
- Die Sahne mit Salz, Pfeffer und Muskat würzen.
- In eine gefettete Auflaufform abwechselnd die abgetropften Nudeln und den Spinat schichten.
- Zum Schluss Käse über den Auflauf streuen und Butterflöckchen daraufsetzen. Sahne zugießen.
- Im vorgeheizten Ofen bei 220 Grad ca. 10 Minuten goldgelb backen.

**So helfen kleine Köche:**

- Auflaufform einfetten.
- Den Auflauf mit Käse bestreuen und die Sahne zugießen.
- Ältere Kinder können beim Schichten helfen.

**Tipps für Schleckermäuler:**

Vielen Schleckermäulern schmeckt hierzu gekochter Schinken gut – am besten als kleine gerollte Scheibe direkt aus der Hand!

# Jahreszeitenlied

Text: Lore Kleikamp / Musik: Detlev Jöcker

**2.** Ich bin der Sommer,
voll Farbe und Licht.
Mit Sonne und Wärme
spar ich nicht.
Was vorher geblüht,
das wächst und gedeiht.
Ganz langsam und stetig,
es braucht seine Zeit.

**Refrain:**
He, he, Sommer!
Wir freuen uns.
Wir freun uns,
dich wiederzusehn.
He, he, Sommer!
Wir freuen uns.
Mit dir ist das Jahr so schön.

**3.** Ich bin der Herbst,
ich bringe nun ein,
Gemüse und Früchte,
Korn und Wein.
Verteilt ihr es gut
in Land und in Stadt,
dann muss keiner hungern
und jeder wird satt.

**Refrain:**
He, he, Herbst!
Wir freuen uns ...

**4.** Ich bin der Winter,
bin grau und bin weiß.
Ich bringe die Kälte und das Eis.
Die Pflanzen und Tiere
ruhen sich aus.
Die Kinder, sie jubeln,
wenn Schnee liegt vorm Haus.

**Refrain:**
He, he, Winter!
Wir freuen uns ...

**Spielanleitung:**
Ein lustiges und lehrreiches Lied, bei dem alle den Refrain mitsingen und mitklatschen können.

# Gemüsecremesuppe

(Eingereicht von Sylke Huth, Hanau)

**Bei uns heißt das Gericht:** ______________________

**Wir benötigen:**

1 Bund Suppengrün
3-4 mittelgroße Kartoffeln
300-500 g Gemüse nach Saison (z.B. Möhren, Kürbis, Zucchini)
1 EL Öl
1/4 l Gemüsebrühe
1 Becher saure Sahne
Salz, Pfeffer, Paprika

**So geht's:**

- ► Das Gemüse waschen, putzen und klein schneiden.
- ► Öl in einem Topf erhitzen, Gemüse andünsten und schließlich mit heißer Brühe auffüllen. Das Ganze bei mittlerer Hitze garen.
- ► Mit einem Pürierstab alles zerkleinern und die Sahne unterrühren.
- ► Nach Geschmack würzen.

**So helfen kleine Köche:**

- Kleinere Kinder waschen das Gemüse, ältere können vielleicht schon schälen und zerkleinern. Hierfür eignen sich besonders weichere Gemüsesorten wie beispielsweise Zucchini.

**Tipps für Schleckermäuler:**

- Zu der Suppe schmecken kleine Würstchen und frische Schnittlauchröllchen gut!
- Am Tag vorher könnten die Kinder mit auf den Markt gehen und bei der Auswahl ihres Lieblingsgemüses helfen!

# Spinat-Käse-Torte

(Eingereicht von Meike Kuhlmann, Hamburg)

**Bei uns heißt das Gericht:** ____________________

**Wir benötigen:**

2 Packungen TK-Spinat
6 Eier
2 Rollen frischer Blätterteig
400 g geriebenen Käse
Salz, Pfeffer, Muskat

**So geht's:**

- Spinat auftauen, etwas ausdrücken und mit den Eiern und dem geriebenen Käse vermischen. Vorsichtig salzen und würzen.
- Blätterteig in eine mit Backpapier ausgelegte Springform legen; dabei den Rand so hochziehen, dass er überlappt. Die Spinat-Eier-Masse darauf füllen und den Teigrand zur Mitte hin umklappen.
- Bei 200 Grad eine Stunde backen.

**So helfen kleine Köche:**

- Den Spinat mit den Eiern und dem geriebenen Käse vermischen.
- Die Spinat-Eier-Masse in die Springform füllen und den Teig mit Mamas oder Papas Hilfe umklappen.

**Tipps für Schleckermäuler:**

Kleinere Schleckermäuler mögen die Torte wahrscheinlich am liebsten mit mildem Gouda-Käse, ältere vielleicht auch mit Greyerzer oder Feta.

# Cabanossi-Käse-Suppe

(Eingereicht von Christine Behmann, Bremen)

*„Meine Enkel lieben diese Suppe! Bei uns erhielt sie den Namen ‚Geburtstagssuppe'!"*

**Bei uns heißt das Gericht:** ____________________

**Wir benötigen:**

250 g Cabanossi
1 Zwiebel
500 g Kartoffeln
400 g Möhren
1 Stange Lauch
30 g Pflanzenfett
1 EL Mehl
1/4 l Brühe
1/4 l Sahne
1 Packung Kräuter-Schmelzkäse
1 Bund Petersilie
Salz, Pfeffer

**So geht's:**

- Cabanossi in Scheiben schneiden.
- Gemüse putzen und waschen. Zwiebeln fein hacken. Kartoffeln in kleine Würfel, Möhren in Scheiben und Lauch in feine Ringe schneiden.
- Fett in einem Topf erhitzen und die Cabanossi darin anbraten.
- Zwiebelwürfel hinzufügen und leicht andünsten. Mit Mehl bestäuben und Brühe unter Rühren hinzugießen. Alles kurz aufkochen lassen.
- Sahne unterrühren. Kartoffeln und Möhren dazugeben und alles bei mittlerer Hitze ca. 15 Minuten garen.
- Schließlich den Lauch und den Schmelzkäse hinzufügen. Die Suppe so lange weitergaren, bis der Käse ganz geschmolzen ist.
- Mit Salz und Pfeffer abschmecken und mit Petersilie bestreut servieren.

**So helfen kleine Köche:**

- Kleine Kinder waschen die Petersilie und zupfen die Blätter ab.
- Ältere schneiden die Cabanossi und die Kartoffeln mit einem (stumpfen) Messer. Die Kartoffeln sollten vorher von einem Erwachsenen geschält und halbiert werden. Wenn man sie dann mit der Schnittfläche nach unten hinlegt, können sie von den Kindern besser und sicherer gehalten werden.

**Tipps für Schleckermäuler:**

Die Petersilie kann auch durch andere Kräuter wie beispielsweise Schnittlauch ersetzt werden. Oder wie wäre es mit einem kleinen „Kräuterbuffet“? Dazu werden verschiedene Lieblingskräuter klein geschnitten und in Schälchen auf den Tisch gestellt.

# Quark-Schafskäse-Torte

(Eingereicht von Susanne Shali Zimmer, Kehl Marlen)

**Bei uns heißt das Gericht:** ______________________________

**Wir benötigen:**

500 g Mehl
500 ml Wasser
500 g Speisequark
Öl
3 Eier
200 g Feta
Salz und Pfeffer

**So geht's:**

- ► Mehl, Wasser und Salz zu einem geschmeidigen Teig verarbeiten. Diesen in 3 Teile teilen. Den ersten Teil auf einer mit Öl bestrichenen Fettpfanne dünn ausrollen.
- ► Den Quark mit den Eiern verrühren und mit Salz und Pfeffer abschmekken. Auch diese Masse in 3 Teile teilen. Den ersten Teil auf dem Teig verstreichen.
- ► Den Feta zerbröckeln und etwas davon auf die Quarkmasse streuen.
- ► Das Ganze mit einer weiteren Teigschicht abdecken und diese wieder mit etwas Quarkmasse und Feta belegen. Den Vorgang noch ein letztes Mal wiederholen. Mit Feta abschließen.
- ► Die Torte bei 220 Grad backen, bis sich die Oberfläche goldgelb färbt.

**So helfen kleine Köche:**

- Den Quark mit Eiern, Salz und Pfeffer verrühren.
- Feta zerbröckeln.

**Tipps für Schleckermäuler:**

Dazu passt knackige Rohkost wie Paprika, Gurke oder Tomate, je nach Schleckermaul-Vorliebe!

# Bunter Paprikareis

(Eingereicht von Angelika Schmieder, Augsburg)

**Bei uns heißt das Gericht:** ______________________

**Wir benötigen:**

250 g Langkornreis
1 Bund Frühlingszwiebeln
200 g Champignons
je 40 g rote, gelbe und grüne Paprika
Öl
100 ml Gemüsebrühe
160 g Kräuter-Frischkäse
Salz und Pfeffer

**So geht's:**

- Pilze in heißem Öl bräunen, dann Paprika, Frühlingszwiebeln und Brühe hinzufügen. Das Ganze ca. 10 Min. dünsten.
- Kräuter-Frischkäse dazugeben und unter Rühren schmelzen lassen. Soße würzen.
- Reis nach Anweisung zubereiten und separat servieren oder mit der Soße mischen.

**So helfen kleine Köche:**

- Pilze und Paprika waschen.
- Ältere Kinder zerkleinern Pilze und geputzte Paprikahälften.

**Tipps für Schleckermäuler:**

Kleinere Kinder mögen oftmals die grünen, leicht bitteren Paprikaschoten nicht. Diese kann man in dem Fall natürlich weglassen bzw. durch mehr rote und gelbe ersetzen!

# Noch einmal gut gegangen!

Auf diesen Tag haben sich Lena und Lennart ganz besonders gefreut: Gleich morgens bringt Frau Meier, die Nachbarin aus dem dritten Stock, ihren Hund Schnuppi zu ihnen. Sie will sich heute in der Stadt mit einer Freundin treffen und ins Museum gehen, da kann sie ihren Hund nicht mitnehmen. Bis zum Abend wird sie Schnuppi bei Lena und Lennart lassen. Deshalb beeilt sich Lennart heute auf dem Heimweg von der Schule ganz besonders, und auch Lena kann es kaum erwarten, bis Mama sie zusammen mit Lisa und Schnuppi vom Kindergarten abholt. Den ganzen Nachmittag wollen die Kinder mit dem Hund spielen und Mama begleiten, wenn sie mit ihm Gassi geht.
„Was gibt es heute zum Mittagessen, Mama?“, fragen sie dennoch wie jeden Tag, nachdem sie Schnuppi ausgiebig begrüßt haben.
„Frikadellen mit Kartoffelpüree und Erbsen“, antwortet Mama und legt das Pfund Hackfleisch, das sie zuvor beim Metzger gekauft hat, in eine Schüssel. „Tut mir bitte den Gefallen und nehmt den Hund mit aus der Küche, ja? Beim Essen Kochen kann ich ihn wirklich nicht gebrauchen!“
Diese Bitte erfüllen die drei ihr gern. Im Kinderzimmer bringen sie Schnuppi Kunststückchen bei, kraulen ihm den Bauch und verstecken seinen Gummiball, den er voller Begeisterung mit seiner Schnuppernase immer wieder aufspürt. Sie sind so ins Spiel vertieft, dass sie nicht einmal das Telefon klingeln hören. Papa ruft aus dem Büro an. Er hat einen wichtigen Ordner zu Hause vergessen, und nun muss Mama ihn heraussuchen und Zahlen durchsagen, die sein Chef wissen möchte. Damit die Frikadellen auf der Pfanne nicht schwarz werden, hat Mama sicherheitshalber den Herd ausgedreht, ehe sie ans Telefon gegangen ist.
„Jetzt spielen wir Hundeschule“, schlägt Lennart vor, und schon laufen Lena und Lisa auf allen Vieren herum, während Lennart als Hundetrainer ihnen Kommandos gibt. Die kleine Lisa wirkt dabei besonders drollig mit ihren kurzen Beinchen und der hellen Stimme. Wie ein echter Hund legt sie sich auf den Rücken und fiept, damit Lennart sie am Bauch krault.
„Wo ist überhaupt Schnuppi?“, fragt Lena, als Lennart seine Hundeschule geschlossen hat. „Schnuppi, wo bist du? Hierher, Schnuppi, komm!“
Aber kein Schnuppi kommt angewetzt. Aus dem Wohnzimmer hören die Kinder undeutlich Mama am Telefon sprechen. Wo kann der Hund nur sein? Vielleicht hat Mama versehentlich die Wohnungstür offen stehen lassen, und nun ist er nach oben zu Frau Meier gegangen? Oder gar auf die Straße?

„Wir müssen ihn suchen!“, flüstert Lena ihren Geschwistern zu. „Schnell, bevor Mama merkt, dass er weg ist!“
Im Flur sehen sie, dass die Wohnungstür geschlossen ist. Auch im Bad ist Schnuppi nicht zu sehen. „Vielleicht hat er sich im Schlafzimmer auf Mamas und Papas Bett zusammengerollt“, vermutet Lennart. In diesem Moment hören sie ein Geräusch aus der Küche.
„Die Frikadellen!“, schreit Lena auf. Gleichzeitig mit den Kindern kommt auch Mama in die Küche geeilt. Da steht Schnuppi auf seinen Hinterbeinen und versucht, mit der Vorderpfote an die Pfanne mit den Frikadellen zu gelangen! „Es sieht aus, als ob er kochen will!“, kichert Lena.
„Wie gut, dass wir ein Schutzgitter vor dem Herd haben“, erwidert Mama. „ So konnte sich Schnuppi wenigstens nicht wehtun. Außerdem: Was hätten wir essen sollen, wenn Schnuppi unsere Frikadellen verputzt hätte? Zum Glück ist alles noch einmal gut gegangen!“
Wenig später sitzen alle beim Mittagessen. Mamas Frikadellen sind wirklich köstlich. Nur Schnuppi, der nicht am Tisch gefüttert werden darf, sieht etwas unzufrieden aus. Nach dem Essen wollen die Kinder gleich wieder mit ihm spielen. Schnuppi muss wirklich sehr dringend Lennarts Hundeschule besuchen und gutes Benehmen lernen! Der Hund läuft auch ganz brav hinter Lennart her und schnuppert immer wieder an seiner Hand.
Was Lennart darin wohl versteckt hält?

# Schnelle Frikadellen

(Eingereicht von Marion Tegner, Bergkamen)

**Bei uns heißt das Gericht:** ______________________________

**Wir benötigen:**

1 Kartoffel
1 Zwiebel
je 1 EL Tomatenmark und Tomatenketchup
500 g Rinderhack
1 EL Hefeflocken (Reformhaus)
4 EL Vollkornbrotkrümel
1 EL gehackte Petersilie
Salz, schwarzer Pfeffer
Öl

**So geht's:**

► Kartoffel und Zwiebel schälen und raspeln. Mit dem Tomatenmark und dem Ketchup zum Rinderhack geben und alles gut miteinander verkneten.

► Hefeflocken in 5 EL kochendem Wasser auflösen. Gemeinsam mit den restlichen Zutaten der Hackmasse hinzufügen und ebenfalls untermengen.

► Frikadellen formen. Öl in der Pfanne erhitzen und Frikadellen bei mittlerer Hitze garen.

**So helfen kleine Köche:**

- Solch eine Hackmasse mit den (gewaschenen) Händen durchzukneten, ist für Kinder ein besonderer Spaß!
- Wenn dann noch Zeit ist, können die Kinder auch versuchen, die ein oder andere Frikadelle zu formen.

**Tipps für Schleckermäuler:**

Dazu sind Pellkartoffeln mit Kräuterquark lecker!

# Gemüsebratlinge a là „Moor-Rüben"

(Eingereicht von der Kita „Die Moor-Rüben", Hamburg)

*„Das absolute Lieblingsgericht aller unserer Kinder! Sehr lecker auch an heißen Tagen!"*

**Bei uns heißt das Gericht:** ____________________

## Wir benötigen:

500 g Gemüse (Kartoffeln, Zucchini, Möhren, Kohlrabi)
100 g Haferflocken
2-3 Eier
Gemüsebrühepulver
Muskat
Öl

## So geht's:

- ► Das Gemüse putzen und fein raspeln.
- ► Flüssigkeit gut ausdrücken und das Ganze mit den restlichen Zutaten vermengen.
- ► Zu Bratlingen formen und im Öl von beiden Seiten gut durchbraten.

## So helfen kleine Köche:

- Kleinere Kinder waschen die Zucchini, ältere helfen beim Kartoffelschälen.
- Wie schon bei den „Schnellen Frikadellen" ist es auch hier für die Kinder sicherlich ein besonderes Vergnügen, beim Durchkneten der Gemüsemasse zu helfen!

## Tipps für Schleckermäuler:

Noch saftiger wird's mit einem Dip: Dazu wird eine Grundsoße aus Naturjogurt, Quark, etwas Crème fraîche und Salz gerührt und auf verschiedene Schälchen verteilt. Nun darf sich jedes Schleckermaul ein Schälchen nehmen und seinen eigenen Lieblingsdip herstellen: z.B. mit einem Spritzer Ketchup, einem Teelöffel Senf, frischen Kräutern, gewürfelter Paprika usw.

## Ritsche-ratsche-rutsch, wenn ich die Zähne putz (Zähneputzen)

Text und Musik: Detlev Jöcker

**2.** Ja, mittags komm ich gern nach Haus
und freue mich so sehr.
Der Mittagstisch ist schon gedeckt,
mein Magen, der ist leer.
Der Fisch schmeckt gut,
Salat schmeckt gut,
Kartoffeln ess ich immer.
Dann steh ich auf und gehe schnell
in unser Badezimmer.

**Refrain:**
Ritsche-ratsche-rutsch,
wenn ich die Zähne putz´,
dann werden sie blitzblank und rein,
leuchten wie der Sonnenschein.
Ritsche-ratsche-rutsch,
wenn ich die Zähne putz´.

**3.** Ja, abends komm ich müd´ nach Haus,
der Tag war wunderschön.
Der Abendtisch ist schon gedeckt
und ist schön anzusehn.
Das Brot schmeckt gut,
Kakao schmeckt gut
und Obst, das ess ich immer.
Dann steh ich auf und gehe schnell
in unser Badezimmer.

**Refrain:**
Ritsche-ratsche-rutsch ...

**Spielanleitung:**
„Nach dem Essen, Zähneputzen nicht vergessen.“ Das ist ein Spruch, den viele Kinder nicht gern hören. Wir Erwachsenen wissen natürlich, wie wichtig die Zahnreinigung nach dem Essen ist. Dieses Lied kann Kinder zum Zähneputzen animieren. Beim Refrain halten die kleinen Köche einen Zeigefinger vor ihren Mund und bewegen ihn beim Singen wie eine Zahnbürste hin und her.

# Hacktopf mit Reis

(Eingereicht von Elke Schneider, Achim)

**Bei uns heißt das Gericht:** ______________________________

**Wir benötigen:**

3 Paprikaschoten
1 Zwiebel
500 g Hack
1 kleine Dose Tomatenmark, 1 Schuss Ketchup
Salz, Pfeffer
evtl. etwas Stärke
Fett zum Anbraten
Parboiled-Reis

**So geht's:**

► Zwiebel und Paprika putzen und würfeln.
► Hack anbraten, Zwiebel und Paprika hinzufügen, kurz dünsten.
► Tomatenmark, Ketchup und ca. 500 ml Wasser dazugeben. Bei mittlerer Hitze alles 25 Minuten garen.
► Salzen und pfeffern. Bei Bedarf mit etwas Stärke binden.
► Reis kochen und dazu servieren.

**So helfen kleine Köche:**

- Paprika waschen.
- Ältere Kinder schneiden die geputzten Hälften klein.

**Tipps für Schleckermäuler:**

Kinder, die keinen Reis mögen, bekommen statt dessen ein Stück Fladenbrot, das sie in die Soße tunken können.

## Kapitel 2

# In unsrer Küche, da ist heut was los

## Rezepte für ein gemütliches Familienessen

Gemeinsam zu essen kann so viel mehr bedeuten, als nur Nahrung zu sich zu nehmen: Endlich einmal sitzen alle Familienmitglieder ohne Eile beisammen, jeder erzählt, was ihn in den vergangenen Tagen besonders gefreut oder bedrückt hat, und vielleicht werden Pläne für zukünftige Unternehmungen geschmiedet.
Zumindest am Wochenende sollte für solch ein Familienessen Zeit sein. Die Rezepte im folgenden Kapitel möchten hierzu einladen. Zwar dauert ihre Zubereitung etwas länger, aber dafür werden alle kleinen und großen Köche reichlich belohnt!

## In unsrer Küche, da ist heut was los (Helfen in der Küche)

Text: Martin Pfitzinger / Musik: Detlev Jöcker

**Refrain:**
In unsrer Küche, da ist heut´ was los,
was macht da unsre Mama bloß?
In unsrer Küche ist was los.
Hört, wie es klippert und es klappert,
sag, was mag das denn wohl sein?
Schnell, Mama, mach die Tür schon auf,
wir wollen zu dir rein.

**2.** Papa holt die Teller raus
und deckt schon den Tisch.
So dauert das doch viel zu lang,
drum helfen alle mit.
Endlich ist es dann soweit.
Mmmh, wie gut das riecht.
Kommt schnell, nur keine Zeit verlier´n
und guten Appetit!

**Refrain:**
In unsrer Küche, da ist heut´ was los,
der Hunger war so riesengroß.
In unsrer Küche ist was los.
Wir schmatzen alle um die Wette,
denn ein jeder will für sich
zum Nachtisch dann vom Kuchen noch,
das allergrößte Stück.

**Spielanleitung:**
Das ideale Lied für die Vorfreude auf das gemeinsame Vorbereiten und Kochen in der Küche.

# *Nudelplatte mit Schweinefilet*

(Eingereicht von Martina Girgnhuber, Massing)

*„Unsere Kinder lieben dieses Essen, nicht zuletzt wegen der bunten Nudeln!“*

**Bei uns heißt das Gericht:** ____________________

**Wir benötigen:**

500 g Schweinefilet
2 EL Öl
250 g bunte Spirelli-Nudeln
300 g Möhren
250 g Zucchini
200 g Stein- oder Austernpilze
1 Zwiebel
2 EL Butter oder Margarine
1/4 l klare Brühe
1/2 Becher Schlagsahne
2 EL heller Soßenbinder
1 Ecke Schmelzkäse
Salz, weißer Pfeffer

**So geht's:**

- Filet abspülen und trocken tupfen. Öl in einer Pfanne erhitzen. Fleisch darin rundherum anbraten. Salzen und pfeffern. Bei schwacher Hitze etwa 15 Min. fertig garen. Dann herausnehmen und zugedeckt ruhen lassen.
- Nudeln in reichlich Salzwasser bissfest kochen. Abtropfen lassen.
- Möhren und Zucchini putzen, waschen und mit einem Sparschäler in dünne Streifen hobeln. Pilze putzen und in Scheiben schneiden. Zwiebel schälen und würfeln.
- Fett in einem großen Topf erhitzen. Zwiebel darin glasig dünsten. Pilze und Gemüse zufügen und ca. 5 Minuten andünsten. Nudeln hinzugeben. Alles vorsichtig miteinander vermischen. Mit Salz und Pfeffer würzen.
- Bratfett aus dem Fleischtopf mit Brühe und Sahne ablöschen. Kurz aufkochen und mit dem Soßenbinder binden. Käse darin schmelzen lassen. Wiederum mit Salz und Pfeffer abschmecken.
- Fleisch aufschneiden. Mit den Nudeln und etwas Soße auf einer Platte anrichten. Rest Soße separat reichen.

**So helfen kleine Köche:**

- Kleinere Kinder waschen die Zucchini und putzen mit einer weichen Bürste die Pilze.
- Ältere versuchen vorsichtig, die Zucchini und die Möhren in Streifen zu hobeln.

**Tipps für Schleckermäuler:**

Nicht nur bunte Nudeln sind lecker und interessant! Wie wäre es mit Buchstabennudeln, aus denen man seinen Namen legen kann, oder mit Nudeln in Form eines Teddys oder Schmetterlings?

## Wie ein richtiger Chefkoch!

„Ich weiß gar nicht, wie ich das heute alles schaffen soll!“ Mama seufzt und wirft einen Blick auf die Küchenuhr, während sie rasch die leer gegessenen Frühstücksteller abräumt. „Wenn ich Lena in den Kindergarten gebracht habe, muss ich mit Lisa zum Kinderarzt, um das Impfbuch nachzureichen. Dann bringe ich das Paket für Oma zur Post und hole meinen Mantel aus der Reinigung. Bei Brigitte will ich noch die Blumen gießen, bevor sie aus dem Urlaub zurückkommt. Eingekauft habe ich auch noch nicht. Wie soll ich da bloß rechtzeitig das Mittagessen fertig haben, bevor Lennart aus der Schule kommt?“
Papa lehnt sich zurück und trinkt noch einen Schluck Kaffee. „Keine Sorge“, sagt er und lächelt Mama überlegen an. „Hast du schon vergessen, dass ich heute frei habe? Mach du nur in aller Ruhe deine Erledigungen. Heute koche ich!“
„Au ja!“, rufen Lena und Lennart wie aus einem Munde, und auch die kleine Lisa beginnt fröhlich zu krähen. Gern erinnern sich die Kinder daran, wie sie das letzte Mal zusammen mit Papa gekocht haben.
Aber Papa winkt ab. „Nein, nein“, meint er, „heute koche ich allein. Ich mache etwas ganz Besonderes, wie ein richtiger Chefkoch in einem feinen Restaurant!“
„Dann wäre das also klar“, bekräftigt Mama und holt bereits Lisas Anorak. „Um eins sind wir alle wieder zu Hause. Meinst du, bis dahin schaffst du das?“
Aber Papa hört gar nicht mehr richtig hin. Er hat schon Mamas Kochbuch aus dem Regal geholt und blättert eifrig darin herum.
Mittags kommen alle hungrig nach Hause. Lennart hatte in der letzten Schulstunde Turnen; sein Magen knurrt ganz besonders laut. Lena hat ganz vergessen, ihr zweites Frühstück zu essen, und Lisa hat sowieso immer Hunger. Auch Mama freut sich auf ein gemütliches Mittagessen mit der Familie. Neugierig eilen alle zur Küche, aus der schon ein köstlicher Duft durch die ganze Wohnung zieht. Lennart drückt vorsichtig die Tür auf.
„Hallo, meine Lieben!“, ruft Papa und rührt in einem Topf. Sein Gesicht ist ganz rot und auf seiner Stirn glitzern Schweißperlen. „Ihr könnt euch schon die Hände waschen, das Essen ist gleich fertig!“
Lennart und Lena decken schnell den Tisch, während Mama die Getränke aus der Speisekammer holt und Lisa in ihren Hochstuhl setzt. Kurz darauf sitzen alle am Tisch und warten gespannt auf das, was ihnen der Chefkoch Leckeres servieren wird.
„Einen kleinen Moment dauert es doch noch“, verkündet dieser plötzlich mit unsicherer Stimme. Alle sehen zu, wie er einen Löffel in den kleinsten seiner

drei Töpfe taucht, probiert, ihn unter fließendem Wasser abspült und noch einmal probiert.
„Wir haben Hunger!“, rufen alle Kinder gleichzeitig.
„Da fehlt noch ... es wird eine ganz besondere Soße, wisst ihr?“, sagt Papa, doch richtig zufrieden sieht er nicht aus.
„Kann ich dir helfen?“, fragt Mama und steht auf. Auch sie probiert die Soße – und fängt an zu lachen.
„Ich glaube, du hast Zucker und Salz miteinander verwechselt!“, kichert sie. „Deine Nudelsoße ist so süß geworden, dass wir sie beinahe als Nachtisch nehmen können.“
Auch die Kinder lachen, doch dann sieht Lennart seine Eltern ein wenig ängstlich an. „Und sonst ...?“, fragt er vorsichtig, „das andere alles, ist da auch überall Zucker statt Salz drin?“
Mama lacht noch immer und rührt fix eine neue Soße an. „Nein, nein“, beruhigt sie ihren Sohn. „Das Fleisch und die Nudeln sind Papa ganz prima gelungen!“ Sie drückt ihrem Mann einen Kuss auf die Wange. „Wie einem richtigen Chefkoch!“

# Hackigel in Tomatensoße

(Eingereicht von Sabine Becker, Dortmund)

**Bei uns heißt das Gericht:** ______________________

**Wir benötigen:**
250 g rohen Reis
1 Zwiebel
750 g Hackfleisch
1 Ei
2 Möhren
Margarine
2 EL Mehl
etwas Ketchup
ca. 1/4 l Brühe
1 Becher süße Sahne
Salz, Pfeffer, süßes Paprikapulver

**So geht's:**
- Reis waschen und abtropfen lassen.
- Zwiebel schälen und würfeln.
- Hackfleisch, Reis, Zwiebel, Ei, etwas Salz und Pfeffer miteinander verkneten und zu Klößen formen.
- Möhren putzen und raspeln.
- Für die Tomatensoße aus Margarine und Mehl eine Schwitze bereiten.
- Ketchup unterrühren und das Ganze mit der Brühe ablöschen. Mit Salz,
- Pfeffer und Paprikapulver abschmecken. Aufkochen.
- Klöße in die kochende Soße geben und Herdplatte zurückstellen auf 1.
- Die Möhrenraspel über die Klöße streuen und alles bei geschlossenem Deckel gut 30 Minuten ziehen lassen.
- Nochmals abschmecken und mit 1 Becher Sahne verfeinern.

**So helfen kleine Köche:**
- Reis waschen.
- Das Hackfleisch mit den Zutaten verkneten und Klöße daraus formen.

**Tipps für Schleckermäuler:**

Wer bunte Igel mag, mischt Möhren- mit Zucchiniraspeln. Oder aber man teilt Möhren- und Zucchiniraspel und erhält Igelmädchen und –jungen!

# Gefüllte Zucchini mit Reis

(Eingereicht von Kirstin Fuhrig, Lützelbach)

**Bei uns heißt das Gericht:** ______________________

**Wir benötigen:**

4 gleich große Zucchini
500 g gemischtes Hackfleisch
Öl
4 Tomaten
ca. 400 ml klare Gemüsebrühe
2 Becher Sahne
2 Päckchen Toastkäse
2 Kochbeutel Reis
Salz, Pfeffer

**So geht's:**

- ► Die Zucchini waschen, putzen und halbieren. Mit einem Teelöffel aushöhlen; dabei an den Enden ca. 1 cm stehen lassen.
- ► Das Hackfleisch in etwas Öl anbraten, die Tomaten würfeln und dazugeben. Mit Brühe ablöschen. Salzen und pfeffern.
- ► Hackfleischsoße etwas einkochen lassen. Mit einem Becher Sahne auffüllen und die Zucchini hineinlegen. Bei schwacher Hitze zugedeckt ca. 10 Minuten köcheln lassen.
- ► Zucchini mit der Hälfte der Hackfleischsoße füllen. Dann mit der Hälfte des Toastkäses bedecken. Die andere Hälfte Käse in kleine Stücke schneiden und mit dem zweiten Becher Sahne in die restliche Soße rühren. Evtl. nachwürzen.
- ► Zucchini im Topf lassen, bis der Toastkäse gut geschmolzen ist.
- ► Reis kochen und dazu servieren.

**So helfen kleine Köche:**

- Kleinere Kinder waschen die Zucchini, größere versuchen die geschnittenen Hälften auszuhöhlen.
- Käse in Stückchen schneiden oder reißen.

**Tipps für Schleckermäuler:**

Schleckermäuler, die keine Zucchini mögen, essen nur den Reis mit der Hackfleischsoße. Lecker!

## Pizza in den Haaren (Tischmanieren)

Text und Musik: Detlev Jöcker

**2.** Im „Collesseo“ ist ein supertolles Kinderfest,
selbst die Kellner tanzen auf den Tischen heut’.
Sie jonglieren auf der Nase ihr Tablett und singen laut,
alle klatschen mit, weil jeder sich hier freut.
Und dann fassen sich die Kinder an den Händen an,
springen, hüpfen, tanzen, drehen sich im Kreis.
Aus der Küche kommt der Aldo und ruft: „Hört mal alle her.
Heute gibt’s für jeden noch ein extra Eis!“

**Refrain:**
Hey, Pizza in den Haaren,
Spaghetti auf der Hos’.
Wenn wir italienisch essen,
ja, dann ist was los.
Und der Pizzabäcker
versteht die Welt nicht mehr.
So schnell er backt,
so viel er backt,
so groß er backt,
so bunt er backt
er kommt nicht hinterher.

**Spielanleitung:**
Wenn das Lied beim Pizzavorbereiten gesungen wird, schmecken sie danach doppelt gut.

# Hackfleisch-Schmand-Torte

(Eingereicht von Stefanie Reitmajer, Köln)

**Bei uns heißt das Gericht:** ______________________________

**Wir benötigen:**

*Für den Teig:*
220 g Mehl
140 g (weiche) Butter
80 g Schmand
1 Prise Salz

*Für den Belag:*
2 Zwiebeln
2 EL Öl
500 g Hackfleisch
150 g frische Tomaten
200 g geriebenen Käse
2 Eier
120 g Schmand
Salz, Pfeffer, Knoblauch und Paprika

**So geht's:**

- Für den Teig alle Zutaten miteinander verkneten und über Nacht in den Kühlschrank stellen.
- Für den Belag die Zwiebeln schälen, klein würfeln und im Öl glasig dünsten. Hackfleisch dazugeben und anbraten.
- Die Tomaten über Kreuz einschneiden und mit kochendem Wasser übergießen. Ca. 5 Min. warten, dann kalt abschrecken und Haut abziehen. Halbieren, Blütenansatz und Kerne entfernen und das Fruchtfleisch klein schneiden. Unter das Hackfleisch heben und alles abkühlen lassen.
- 150 g Käse, Eier und Schmand unter die Hackmasse mischen. Nach Belieben würzen.
- Teig ausrollen und eine Springform damit auslegen. Hackfleischmasse einfüllen und mit dem restlichen Käse bestreuen. Im vorgeheizten Backofen bei 180 Grad ca. 50 Min. backen.

**So helfen kleine Köche:**

- Teig mit den Händen verkneten.
- Halbierte, entkernte Tomaten klein schneiden.
- Hackfleischmasse in die Springform füllen und mit Käse bestreuen.

**Tipps für Schleckermäuler:**

Echte Schleckermäuler lieben hierzu grünen Salat mit Kindersoße: Dazu einfach Naturjogurt mit etwas Crème fraîche und je einem Spritzer Ketchup und Remoulade verrühren. Das Ganze über den geputzten, gewaschenen Salat geben – fertig!

# Kartoffelsuppe mit Putenbrust

(Eingereicht von Katrin Baganz, Beelitz)

**Bei uns heißt das Gericht:** ______________________

**Wir benötigen:**

500 g mehlig kochende Kartoffeln
1 kleine Zwiebel
1 Knoblauchzehe
1 EL Sonnenblumenöl
1 l Gemüsebrühe
250 g geräucherte Putenbrust am Stück
1/2 Salatgurke
200 g Crème fraîche
1 TK-Päckchen italienische Kräuter
1-2 EL Zitronensaft
1/2 Bund Schnittlauch
Salz, Pfeffer

**So geht's:**

- ► Kartoffeln schälen, waschen und klein würfeln.
- ► Zwiebel und Knoblauch abziehen und fein hacken. Beides im Öl bei geringer Hitze glasig braten.
- ► Kartoffeln zugeben und kurz andünsten. Brühe zugießen und aufkochen.
- ► Alles zugedeckt auf kleiner Flamme in etwa 20 Minuten sehr weich kochen.
- ► Inzwischen die Putenbrust in kleine Würfel schneiden.
- ► Salatgurke schälen, der Länge nach halbieren und die Kerne mit einem Teelöffel herausschaben. Gurke in dünne Scheiben schneiden.
- ► Gegarte Kartoffeln mit dem Kartoffelstampfer in der Brühe fein zerdrükken. Putenbrust, Gurke und Crème fraîche unterrühren und alles noch einmal erhitzen, aber nicht mehr aufkochen.
- ► Kräuter untermischen. Suppe mit Salz, Pfeffer und Zitronensaft abschmecken.
- ► Schnittlauch waschen und in Röllchen schneiden. Suppe damit bestreuen und servieren.

**So helfen kleine Köche:**

- Jüngere Kinder schaben die Kerne aus der Salatgurke, waschen Schnittlauch und schneiden ihn mit einem Brotmesser in Röllchen.
- Ältere würfeln die geschälten Kartoffelhälften und das Fleisch oder schneiden die Gurke in Scheiben.

**Tipps für Schleckermäuler:**

Dazu schmeckt Baguette mit Kräuterbutter gut!

# Fischauflauf mit Reis

(Eingereicht von Tanja Bischoff, Rheinberg)

*„Das absolute Lieblingsgericht meiner 4-jährigen Tochter!"*

**Bei uns heißt das Gericht:** ______________________________

**Wir benötigen:**

ca. 500 g Seelachsfilet
1 Zitrone
2 Zwiebeln
Pflanzenöl
ca. 300 g Brokkoli
2 Becher süße Sahne (oder halb Milch, halb Sahne)
1 Bund Dill
Salz, Pfeffer, Fischgewürz
Reis

**So geht's:**

- ► Fischfilets waschen und mit Zitronensaft beträufeln. Mit Fischgewürz, Salz und Pfeffer würzen.
- ► Zwiebeln schälen und fein hacken. In etwas Öl glasig braten.
- ► Brokkoli waschen, putzen und in kleine Röschen zerteilen. Zu der Zwiebel geben.
- ► Mit der Sahne ablöschen und mit Salz, Pfeffer und Dill würzen.
- ► Den Fisch in eine Auflaufform legen und mit der Brokkoli-Sahne-Mischung übergießen. Im Backofen bei 180 Grad ca. 25-30 Minuten überbacken.
- ► Mit gekochtem Reis servieren.

**So helfen kleine Köche:**

- Dill waschen und klein zupfen.
- Brokkoli waschen und in Röschen zerpflücken.
- Fischfilets in Auflaufform legen und mit Soße übergießen.

**Tipps für Schleckermäuler:**

Mit Hilfe von kleinen Keksförmchen können Möhrentierchen, Salatgurken-Blümchen o. Ä. ausgestochen werden. Wird der Auflauf damit garniert, schmeckt er noch mal so gut!

# Zwei Eier von Frau Meier

„Mama, wann ist endlich das Essen fertig? Wir haben sooo einen Riesenhunger!“, rufen Lennart und Lena immer wieder. „Hunger“, kräht auch die kleine Lisa. Es ist Sonntagmittag und ihre Mama scheint heute etwas ganz besonders Leckeres in der Küche zu zaubern. Die köstlichsten Düfte strömen durch die Wohnung. Auch Papa schleicht immer wieder umher und verkündet, er hielte es vor lauter Appetit kaum noch aus.
„Ein Weilchen dauert es schon noch“, meint Mama und schaltet den Herd eine Stufe herunter. „Ich muss noch ...“ Sie überlegt einen Moment und öffnet den Kühlschrank. „Ach du liebe Zeit“, ruft sie dann, „ich habe ganz vergessen, ein Ei aufzuheben, wir haben sie alle heute zum Frühstück aufgegessen! Wie soll ich denn jetzt die Hackfleischklößchen machen?“ Ratlos schaut sie in die Gesichter ihrer Familie. „Was mache ich jetzt nur? Habt ihr eine Idee?“
Papa kratzt sich am Kopf. „Vielleicht sind in der Speisekammer noch Eier?“, überlegt er.
„Oder doch im Kühlschrank?“, vermutet Lena. „Vielleicht hinter dem großen Gurkenglas, da hat sich doch neulich auch die Erdbeermarmelade versteckt!“
Mama sieht überall nach, doch dann schüttelt sie den Kopf. „Es ist wirklich kein Ei mehr da“, seufzt sie, „also gibt es nur noch eine Möglichkeit.“ Sie sieht Lennart, den Ältesten, an. „Sei so lieb und geh rasch nach oben zu Frau Meier, ja? Frag sie ganz höflich, ob sie uns bitte ein Ei borgen könne, ich bringe ihr dann morgen nach dem Einkaufen eines zurück. Sie macht das bestimmt.“
Lennart beißt sich auf die Unterlippe. Sein Riesenhunger ist ihm auf einmal vergangen. Zu Frau Meier im dritten Stock soll er gehen? Auch das noch! Ausgerechnet bei ihr hat er vorgestern mit seinem Freund Max einen Klingelstreich gemacht, und als sie danach ganz schnell weggerannt sind, hat er sich noch einmal umgedreht und Frau Meiers Gesicht hinter der Gardine gesehen. Bestimmt hat sie ihn erkannt und wird gleich mit ihm schimpfen!
„Ist irgendetwas, Lennart? Möchtest du nicht gehen? Ich könnte auch Lena schicken, aber sie kann die Namen auf den Klingelschildern noch nicht lesen. Du gehst doch zur Schule, das schaffst du schon. Oder?“
„Klar, Mama.“ Lennart nickt und setzt sich widerwillig in Bewegung. „Also bis gleich.“
Leise zieht er die Wohnungstür hinter sich zu und setzt langsam einen Fuß vor den anderen, zählt flüsternd die Treppenstufen, bis er in der dritten Etage angekommen ist. Sein Herz klopft wie wild, als er schließlich vor Frau Meiers Tür steht. Nachdem er einmal tief durchgeatmet hat, drückt er auf den Klingel-

knopf. Frau Meier öffnet die Tür. Mit rotem Kopf bringt Lennart vor, weshalb ihn seine Mama geschickt hat.
„Ein Ei möchtest du borgen“, wiederholt die Nachbarin und winkt ihn zu sich herein. „Aber sicher, gerne doch.“
Lennart sieht zu, wie sie in ihren Kühlschrank greift und zwei Eier herausholt. „Gleich zwei?“, wundert er sich.
„Für jede Hand eines“, antwortet sie und gibt Lennart die beiden Eier. „Ich habe gesehen, wie schnell du rennen kannst, dabei kann leicht ein Ei herunterfallen und entzweigehen. Dann hätte deine Mama wieder keines, und das wollen wir doch nicht!“
Lennart nickt. „Das mit dem Klingelstreich“, sagt er zaghaft, „dafür wollte ich mich entschuldigen. Ich mache es bestimmt nicht wieder.“
„Schon gut“, kichert Frau Meier und zwinkert ihm zu. „Ich habe als Kind auch so manchen Streich gespielt. Aber meistens wurde ich erwischt, denn ich war nicht so flink wie du.“
Als Lennart kurz darauf wieder unten ankommt, erwartet ihn Mama schon ungeduldig.
„Du warst aber lange weg“, bemerkt sie, nimmt ihm die Eier ab, die beide noch heil sind, und schlägt eines davon schnell in die Schüssel mit dem Hackfleischteig. „Hast du dich mit Frau Meier noch unterhalten?“
Lennart lacht, und nun spürt er auch wieder, wie hungrig er ist. „Kann man so sagen“, meint er mit einem geheimnisvollen Lächeln.
Lange hat ihm kein Mittagessen mehr so gut geschmeckt. Und das alles wegen der zwei Eier von Frau Meier!

# Pikante Blumenkohltorte

(Eingereicht von Martina Dressler-Freitag, Ochsenfurt)

*„Die ‚Pikante Blumenkohltorte' ist ein Gericht, das – ausnahmsweise – meine beiden Kinder (Sophia, 5, und Til, 2 Jahre alt) lieben - und außerdem ist es soooo gesund!"*

**Bei uns heißt das Gericht:** ______________________

**Wir benötigen:**

750 g Kartoffeln
1 Zwiebel
1/2 Bund Petersilie
3 Eier
1 kleinen Blumenkohl (ca. 500 g)
1 EL Olivenöl
100 g Sahne
150 g geriebenen Käse
Salz, Pfeffer, Muskat

**So geht's:**

- Kartoffeln schälen, waschen und fein reiben. Zwiebel schälen und fein würfeln. Petersilie waschen und klein hacken.
- Springform mit Backpapier auslegen. Kartoffeln, Zwiebel und 2 Eier miteinander verrühren. Diese Masse in die Form füllen.
- Petersilie darüberstreuen und glatt streichen. Das Ganze ohne Vorheizen bei 180 Grad 20 Min. backen.
- In der Zwischenzeit Blumenkohl waschen und in möglichst gleich große Röschen zerteilen. Olivenöl in einer Pfanne erhitzen und die Blumenkohlröschen auf höchster Stufe kräftig anbraten.
- Anschließend den Blumenkohl in eine Schüssel geben und mit der Sahne, der Hälfte des Käses und einem Ei vermengen. Mit Salz, Pfeffer und Muskat abschmecken. Alles auf die vorgebackene Masse geben und mit dem restlichen Käse bestreuen.
- Die Torte für weitere 45 Minuten bei 180 Grad in den Ofen geben. Der Käse sollte eine bräunliche Farbe annehmen.

**So helfen kleine Köche:**

- Kartoffeln, Zwiebeln und Eier miteinander verrühren.
- Petersilie waschen und Blättchen abzupfen.
- Kartoffelmasse in die Form füllen, mit Petersilie bestreuen und alles mit einem Löffel glatt streichen.

**Tipps für Schleckermäuler:**

Wer keinen Blumenkohl mag, liebt diese Torte garantiert mit Brokkoli!

# Möhrentopf

(Eingereicht von Ursula Tiete-Hiesgen, Münster)

*„Unser Sohn ist gerade 18 Jahre alt geworden. Seit nunmehr 16 Jahren ist er begeistert, wenn ich diesen Möh–rentopf serviere!"*

**Bei uns heißt das Gericht:** ______________________________

**Wir benötigen:**

750 g Möhren
750 g Kartoffeln
4 Zwiebeln
2 Stangen Porree
1 EL Sonnenblumenöl
1 l Gemüsebrühe
1/4 l Sahne
4 Pfefferbeißer
Kräutersalz und Pfeffer

**So geht's:**

- Möhren und Kartoffeln schälen, waschen und in mundgerechte Stücke schneiden.
- Zwiebeln schälen und würfeln. Porree gut waschen und in Ringe schneiden.
- Öl erhitzen und darin Zwiebeln und Porree andünsten.
- Möhren und Kartoffeln hinzugeben, leicht anbraten und das Ganze mit Gemüsebrühe und Sahne auffüllen.
- Die Pfefferbeißer in Scheiben schneiden und ebenfalls dazugeben. Alles ca. 20 Min. bei kleiner Hitze garen. Mit Salz und Pfeffer abschmecken.

**So helfen kleine Köche:**

- Jüngere Kinder schneiden die Würstchen klein.
- Ältere zerteilen die geschälten Kartoffelhälften in Stücke.

**Tipps für Schleckermäuler:**

Für kleinere Schleckermäuler sind die Pfefferbeißer vielleicht zu scharf. Sie nehmen dann lieber Wiener Würstchen, die nur kurz in der Suppe mit erhitzt werden.

# Obstsalat

Text: Lore Kleikamp / Musik: Detlev Jöcker

**Kanon**

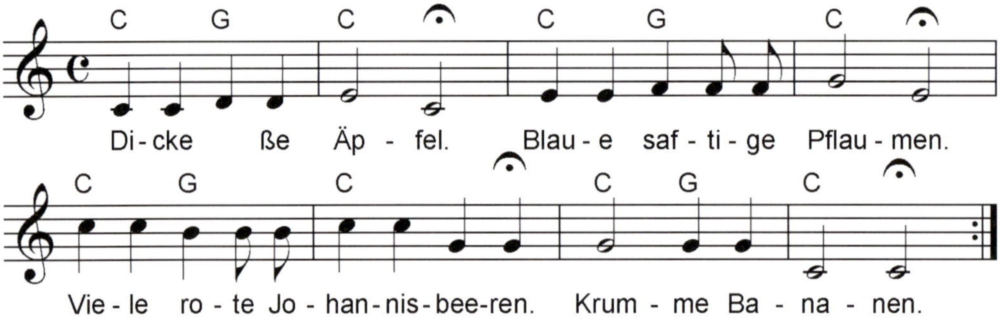


**Spielanleitung:**
Das ideale Lied für das Vorbereiten eines Obstsalates.

# Blumenkohl-Brokkoli-Auflauf

(Eingereicht von Birgit Damrath, Duisburg)

*„Das einzige Gericht, bei dem meine Kinder Brokkoli und Blumenkohl essen!“*

**Bei uns heißt das Gericht:** ____________________

**Wir benötigen:**

1/2 Blumenkohl
ungefähr die gleiche Menge Brokkoli
5 mittelgroße Kartoffeln
1 Glas Spargel
250 g Schmelzkäse
200 ml Sahne
250 g geriebenen Käse
Salz, Pfeffer

**So geht's:**

- ► Blumenkohl und Brokkoli waschen, putzen und in gleich große Röschen zerteilen. Kartoffeln schälen, waschen und grob würfeln. Das gesamte Gemüse ca. 10 Min. in wenig Wasser ankochen.
- ► Spargel abtropfen lassen und evtl. in Stücke schneiden.
- ► Die Sahne und den Schmelzkäse unter Rühren erhitzen, bis sich der Käse ganz aufgelöst hat. Mit Salz und Pfeffer abschmecken.
- ► Gemüse in eine Auflaufform geben. Käsesahnesoße darübergießen. Mit dem geriebenen Käse bestreuen.
- ► Bei 200 Grad ca. 30 Min. überbacken.

**So helfen kleine Köche:**

- Blumenkohl und Brokkoli waschen und in kleine Röschen zerpflücken.
- Spargel in ein Sieb abgießen.

**Tipps für Schleckermäuler:**

Dazu ist gekochter Schinken lecker!

# Ein weit gereister Gast

Heute Abend wollen Tante Ulla und Onkel Detlev zu Besuch kommen. Den ganzen Tag lang bereiten Mama und Papa schon ein leckeres Essen für sie vor. Auch Lennart und Lena wollen mitmachen. Mama kann ihre Hilfe wirklich gut gebrauchen, denn Papa muss noch zum Getränkemarkt fahren. Die kleine Lisa nimmt er mit.

„Als Vorspeise gibt es Tomatenscheiben mit Mozzarella und Basilikum", erklärt Mama ihren Kindern eilig. „Lennart, du darfst die Mozzarellakugeln in Scheiben schneiden", fügt sie hinzu und reicht ihrem Sohn ein stumpfes Messer. „Jede ungefähr so dick wie dein kleiner Finger. Genauso mache ich es mit den Tomaten." Das scharfe Messer, das sie für die Tomaten braucht, gibt Mama nicht aus der Hand.

Lena blickt sich in der Küche um. „Und was darf ich machen?", fragt sie. „Ich will nicht immer nur irgendwas umrühren, das ist mir zu langweilig."

„Ich weiß, dass du schon mehr kannst", beruhigt Mama sie und nimmt einen kleinen Blumentopf vom Fensterbrett. „Du kümmerst dich um das Basilikum."

„Ich will keine Blätter essen!", protestiert Lena.

Mama lacht. „Basilikum ist ein Heil- und Gewürzkraut; das sind nicht einfach irgendwelche Blätter wie von den Büschen an der Straße", berichtigt sie dann. „Der Name kommt aus dem Griechischen und bedeutet „göttlich", weil die Pflanze so viele gute Eigenschaften hat." Sie reicht Lena den Topf mit dem Basilikum und streicht ihr übers Haar. „Besonders gut passt Basilikum zu Tomaten. Ihr habt es schon oft in eurer Lieblingssoße mitgegessen, noch gar nicht gemerkt?"

Beide Kinder sehen ihre Mutter an und schütteln den Kopf.

„Aber gerade deshalb schmeckt sie euch so gut", bekräftigt Mama. „Also, Lena: Zuerst zupfst du ganz vorsichtig eine Hand voll Basilikumblättchen ab, dann wäschst du sie in einem Sieb unter fließendem Wasser. Pass aber gut auf, dass du sie nicht zu sehr drückst, sonst sehen sie nicht mehr schön aus, wenn sie nachher auf den Tomaten liegen!"

Eifrig machen sich die Kinder an die Arbeit. Lennart ist mit dem Schneiden der Mozzarellakugeln schnell fertig. Nun kommt er zu Lena und sieht ihr zu.

„Das riecht aber gut", stellt er fest und schnuppert an den frischen Basilikumblättchen. „Wo kommt Basilikum eigentlich her, Mama?"

In diesem Moment wird die Wohnungstür aufgeschlossen und Papa und Lisa kommen herein. Fröhlich krähend läuft Klein-Lisa auf Mama zu.

„Das kann ich euch zeigen", sagt Papa, der Lennarts Frage gehört hat. Er

nimmt seine beiden älteren Kinder an die Hand und führt sie ins Wohnzimmer. „Unser Basilikum ist weit gereist“, fährt Papa fort und beginnt den Globus zu drehen, bis sein Finger ihn bei Indien stoppt. „Hier wurde das Kraut vor mehreren tausend Jahren zum ersten Mal entdeckt. In Europa, unserem Erdteil also, gibt es Basilikum erst seit ungefähr 800 Jahren. In Italien wird es besonders gern verwendet, für Nudelgerichte, Suppen, Pizzen und Salate“, beendet Papa seine Erklärung und schickt seine beiden wissbegierigen Kinder zurück in die Küche.
Lennart jedoch ist noch nicht ganz zufrieden. „Kann das auch bei uns wachsen?“, fragt er Mama. „Draußen, meine ich?“
„Basilikum braucht warme Luft und lockeren Boden“, antwortet Mama und gibt etwas Öl in eine Pfanne, um das Fleisch anzubraten. „Deshalb macht es bei uns etwas mehr Arbeit, die Pflanze großzuziehen. Aber in deinem kleinen Gewächshaus auf dem Balkon, Lennart, können wir gern einmal versuchen, Basilikum auszusäen“, schlägt Mama vor. „Dann bräuchte ich es nicht mehr auf dem Markt zu kaufen!“
Lennart ist begeistert von diesem Vorschlag und läuft gleich ins Kinderzimmer und dann ins Bad, um sein Gewächshaus zu säubern. Schon lange hat er nichts mehr darin ausgesät und freut sich nun umso mehr darauf. Lena legt inzwischen sorgfältig ihre Basilikumblättchen auf die Tomatenscheiben, die Mama appetitlich auf einer Platte abwechselnd mit dem Mozzarella angerichtet hat.
Als Tante Ulla und Onkel Detlev am Abend mit am Tisch sitzen, haben Lennart und Lena ihnen viel zu erzählen.
„Was ihr alles wisst“, staunt der Onkel. „Eure Vorspeise ist aber auch wirklich köstlich! Aber Lena, du hast noch gar nichts davon auf deinem Teller! Magst du es nicht?“
Eigentlich wollte Lena keine „Blätter“ essen, aber nun ist sie doch neugierig geworden. Noch etwas zögernd legt sie ein kleines Stück Tomate mit Mozzarella und Basilikum auf ihre Gabel und schiebt es vorsichtig in ihren Mund.
„Aha, so schmeckt es also in Indien“, meint sie kauend. „Lecker!“

# Pikante Grießklöße

(Eingereicht von Familie Staubach, Buttenheim)

**Bei uns heißt das Gericht:** ______________________________

**Wir benötigen:**
80 g Butter oder Margarine
175 g Grieß (Vollkorn)
3 EL Sonnenblumenkerne
3 Eier
800 g Tomaten
1 große Zwiebel
1 Knoblauchzehe
3 EL Olivenöl
Salz, frisch gemahlener Pfeffer, Muskat, Zucker
1/2 Bund Basilikum

**So geht's:**
- Ca. 300 ml Wasser, 60 g Butter, Salz, Pfeffer und Muskat miteinander aufkochen. Grieß einstreuen und rühren, bis sich die Masse sauber vom Topfboden löst. Etwas abkühlen lassen.
- Die Sonnenblumenkerne grob hacken, ohne Fettzugabe in einer Pfanne rösten und zum Grieß geben.
- Die Eier unterrühren. Mit 2 Esslöffeln aus der Masse Klöße abstechen und in heißem, aber nicht kochendem Salzwasser etwa 10 Min. garen. Herausnehmen und abtropfen lassen.
- Inzwischen die Tomaten abziehen und vierteln.
- Zwiebel und Knoblauch würfeln und im heißen Öl glasig dünsten. Tomaten 3 Min. mitdünsten. Mit Salz, Pfeffer und einer Prise Zucker abschmecken.
- Abgetropfte Klöße in der restlichen Butter leicht bräunen und auf dem Gemüse anrichten. Mit Basilikumblättchen bestreut servieren.

**So helfen kleine Köche:**
- Basilikum waschen und Blättchen abzupfen.
- Ganz geduldige Kinder versuchen ein paar Klöße abzustechen!

**Tipps für Schleckermäuler:**

Dazu passen geriebener Käse und Kindersalat (siehe Schleckermaul-Tipp S. 51).

# Döppekuchen (Topfkuchen)

(Eingereicht von Britta Frevel-Kopp, Wehr)

*„Der ‚Döppekuchen' ist ein regionales Gericht aus der Eifel, das nicht nur meine Kinder ganz besonders gern essen!"*

**Bei uns heißt das Gericht:** ____________________

**Wir benötigen:**

2 kg Kartoffeln
2 EL Haferflocken
2 Eier
etwas Milch
2 Brötchen vom Vortag
500 g Speck
4 Mettwürste
Salz, Pfeffer
Butter und Semmelbrösel für die Form

**So geht's:**

- ► Die Kartoffeln schälen, waschen und fein raspeln. Mit Haferflocken, Eiern und den in Milch aufgeweichten Brötchen verrühren.
- ► Speck in Würfel und Mettwurst in Scheiben schneiden und anbraten. Zu der Kartoffelmasse geben und alles gut miteinander verrühren. Mit Salz und Pfeffer abschmecken.
- ► Das Ganze in eine gefettete, mit Semmelbröseln bestreute Auflaufform geben, abdecken und bei 190 Grad (keine Umluft) 1 3/4 Stunden backen. Deckel abnehmen und noch eine Viertelstunde bräunen lassen.

**So helfen kleine Köche:**

- Wurst in Scheiben schneiden.
- Die geraspelten Kartoffeln mit den übrigen Zutaten verrühren.
- Form einfetten, mit Semmelbröseln bestreuen und Kartoffelmasse einfüllen.

**Tipps für Schleckermäuler:**

Echte Schleckermäuler lieben Apfelmus dazu!

# Meine beiden Hände drehn sich rundherum

**(Finger und Hände lockern)**

Text: Lore Kleikamp / Musik: Detlev Jöcker

**2.** Meine Hände heben sich und sind ganz schwer,
fangen an zu pendeln, immer hin und her.

**Refrain:**
Deidideidi deidididеldum.
Deidideidi hoppsasasa,
Fangen an zu pendeln, immer hin und her.

**3.** Meine Finger strecken sich nun alle zehn,
dann sind sie ganz plötzlich gar nicht mehr zu sehn.

**Refrain:**
Deidideidi deidididеldum.
Deidideidi hoppsasasa,
Dann sind sie ganz plötzlich gar nicht mehr zu sehn.

**4.** Alle meine Finger laufen leis und schnell,
vor, zurück, zur Seite und auch auf der Stell.

**Refrain:**
Deidideidi deidididideldum.
Deidideidi hoppsasasa,
Vor, zurück, zur Seite und auch auf der Stell.

**5.** Alle meine Finger gehn zum Daumen dick,
immer nacheinander, vor und auch zurück.

**Refrain:**
Deidideidi deidididideldum.
Deidideidi hoppsasasa,
Immer nacheinander, vor und auch zurück.

**6.** Alle meine Finger tippen leicht sich an,
ob denn wohl ein jeder sich auch treffen kann?

**Refrain:**
Deidideidi deidididideldum.
Deidideidi hoppsasasa,
Ob denn wohl ein jeder sich auch treffen kann?

**7.** Meine beiden Hände schütteln sich und ruhn,
müssen jetzt zusammen etwas and're tun.

**Refrain:**
Deidideidi deidididideldum.
Deidideidi hoppsasasa,
Müssen jetzt zusammen etwas and're tun.

**Spielanleitung:**
Einfach die Finger zu den Strophen tanzen lassen. Danach geht es dann munter weiter mit der Küchenarbeit.

# Wenn ein Eisbär Hunger hat

## Kochen auf Kinderfesten

Zusammen zu kochen macht einfach Spaß! Und wenn dann nicht nur Mama oder Papa, sondern auch noch die Freundinnen und Freunde mitmachen, wird im Handumdrehen eine willkommene Spielaktion auf dem nächsten Kindergeburtstag daraus.

Die im Folgenden vorgestellten Gerichte eignen sich hierfür in besonderer Weise, denn sie alle können zum großen Teil von den Kindern allein zubereitet werden. Und wer selbst gekocht hat, wird garantiert später bei Tisch mit besonderem Appetit zugreifen!

## Wenn ein Eisbär Hunger hat

Text: Georg Bühren / Musik: Detlev Jöcker

**Refrain:**
Wenn ein Eisbär Hunger hat
und ein Tiger ist sein Gast,
hört man wie sie ganz laut schmatzen
und sie fressen mit den Tatzen.

**2.** Nur die Menschen essen gerne,
weil es ihnen so gut schmeckt,
Kuchen, Pudding, Zuckersterne,
Schokolade, Eiskonfekt.
Tiere würden das nie machen,
denn es stimmt ja, ganz gewiss:
diese vielen Zuckersachen
schaden doch nur dem Gebiss.
Jedem Eisbär´n will ich raten,
sich vor Jägern vorzuseh´n,
denn der Mensch isst Bärenbraten,
das ist wirklich gar nicht schön.
Menschen soll´n Gemüse essen
oder einfach Knäckebrot,
Tiere könnten unterdessen,
bummeln gehen ohne Not.

**Refrain:**
Wenn ein Eisbär Hunger hat ...

**3.** Tiger kaufen ein ganz billig,
denn sie sind nicht gern gesehn,
und so gibt man ihnen willig,
weil sie sonst nicht weiter gehen.
Ängstlich sind die Menschen heute,
fürchten große Tiere sehr,
dabei sind es, liebe Leute,
nur der Tiger und der Bär.

**Refrain:**
Wenn ein Eisbär Hunger hat ...

**Spielanleitung:**
Ein lehrreiches und spaßiges Lied zum Zuhören und Mitsingen, das in der Küche gute Laune verbreitet.

# Kinder-Chili

(Eingereicht von Kerstin Bednarczyk, Rehfelde)

**Bei uns heißt das Gericht:** ______________________________

**Wir benötigen:**

1 rote und 1 gelbe Paprika
1 Dose geschälte Tomaten (800 g)
500 g Rinderhack
2 EL Öl
1 Dose Mais
1 kleine Dose Erbsen
Schnittlauch, Petersilie
Crème fraîche
Salz, Pfeffer, Paprika

**So geht's:**

► Die Paprika waschen, putzen und würfeln. Tomaten pürieren.
► Das Hack in dem Öl anbraten, mit Salz, Pfeffer und Paprika abschmecken.
► Das gesamte Gemüse hinzugeben und alles ca. 10 Min. köcheln lassen.
► Die Kräuter waschen. Schnittlauch in Röllchen schneiden, Petersilie fein hacken. Unter die Hacksoße rühren und mit Crème fraîche verfeinern.

**So helfen kleine Köche:**

- Kleinere Kinder waschen die Paprika und die Kräuter, ältere schneiden sie auch
- Tomaten (unter Aufsicht) pürieren.
- Am meisten Spaß macht es den kleinen Köchen, wenn man das Kinder-Chili draußen in einem großen Feuertopf kocht. Dann können alle abwechselnd beim Hineinschütten und Umrühren helfen.

**Tipps für Schleckermäuler:**

Dazu schmecken Reis, Kartoffeln oder auch Brot. Am besten stellt man alles auf den Tisch und jedes Kind kann sich nach Belieben bedienen.

# Das Indianersuppengeburtstagsfest

Heute hat Lena Geburtstag und es gibt ein großes Kinderfest. Es ist ein sonniger Julitag und den ganzen Nachmittag darf Lena mit ihren Freunden und Geschwistern im Plantschbecken baden. Auch den Rasensprenger hat Papa angestellt, und unter lautem Jubeln und Kreischen erfrischen sich alle im kühlen Nass. Mama serviert der fröhlichen Geburtstagsgesellschaft zwischendurch leckeres Eis mit frischem Obstsalat. Genau das Richtige an so einem heißen Sommertag! Kurz darauf gehen die lustigen Spiele im Wasser weiter, bis die Bäume im Garten lange Schatten werfen.
„Jetzt bin ich aber hungrig“, stößt Lena hervor, als sich alle die nassen Badesachen ausgezogen haben und wieder in ihre luftigen Sommersachen geschlüpft sind. „Gibt es heute Grillwürstchen mit Ketchup zum Abendessen, Papa?“
„Ich glaube, dieses Mal ist Mama und mir noch etwas Besseres eingefallen“, antwortet Papa und holt aus seiner Werkstatt einen großen Topf, der an einer langen Kette hängt. „Wir machen ein richtiges Lagerfeuer, hängen den Topf darüber und kochen zusammen eine Suppe!“
„Hurra!“, ruft die ganze Geburtstagsgesellschaft wie aus einem Munde. Alle Kinder scharen sich um Lenas Papa und schauen zu, wie er die Kette des Feuertopfes an einem hohen dreibeinigen Ständer befestigt. Mama bringt auf einem Tablett die Zutaten für die Suppe.
„Erbsen?“, fragt Lenas beste Freundin Joelle und schiebt ihre Unterlippe vor. „Die mag ich aber nicht!“
„Das macht nichts!“ Mama streicht dem kleinen Gast über den Kopf. „Kinder-Chili schmeckt auch ohne Erbsen. Wir lassen sie einfach in diesem Schälchen hier, und wer möchte, füllt sie sich in seine Portion.“
„Und Yasmin mag kein Schweinefleisch“, fügt Lena noch hinzu. „Deshalb kocht unsere Köchin im Kindergarten immer Hühnerbrust für sie. Was ist das da für Fleisch, Mama?“
„Ich fürchte, da habe ich einen Fehler gemacht“, gibt Mama zu. „Es ist tatsächlich Schweinefleisch. Aber wartet, das ist überhaupt nicht schlimm! Neulich habe ich ganz frisches Rinderhack vom Metzger mitgebracht und gleich eingefroren. Das nehme ich einfach aus der Tiefkühltruhe und friere dafür das Schweinehack ein. Haben meine kleinen Feinschmecker sonst noch einen besonderen Wunsch?“
Aber die Kinder hören schon gar nicht mehr hin. Wie richtige kleine Indianer schleichen sie umher, um kleine trockene Ästchen zu sammeln. Damit entfacht Papa das Lagerfeuer, bevor er größere Holzscheite dazulegt.

Wenig später dürfen die Kinder alle Zutaten in den großen Topf schütten. Mit Papas extra langem Holzlöffel rühren sie jeder einmal um. Sie helfen Lenas Mama sogar beim Tischdecken, damit ihnen das Warten nicht so lang erscheint. Endlich ist die Suppe fertig. Lena und ihre Geburtstagsgäste können es gar nicht erwarten, sie zu probieren. „Lecker“, schwärmt Lennart und tunkt ein Stück Brot in sein Chili. Auch die anderen Kinder essen mit großem Appetit. Es dauert nicht lange, bis der Topf leer ist.
„Puh, bin ich satt“, stellt Lena fest und legt ihren Löffel hin. „Das war die beste Suppe, die ich je gegessen habe!“
„Wenn man viel gegessen hat, soll man schlafen oder spazieren gehen“, sagt Papa.
„Wir wollen aber noch nicht schlafen!“, protestieren die Kinder. „Wir sind überhaupt noch nicht müde!“
„Dann bringen wir eben alle kleinen Gäste zu Fuß nach Hause“, verkündet Papa. Mama schenkt jedem Kind noch einen Luftballon an einer langen Schnur, und mit wildem Indianergeheul machen sich alle auf den Weg.
Als Lena und Lennart später in ihren Betten liegen, schwärmen sie noch immer von dem schönen Geburtstagsfest und der leckeren Suppe aus dem Feuertopf. „Kochen wir jetzt immer draußen, Papa?“, will Lennart wissen.
„Ich glaube, damit wäre Mama nicht ganz einverstanden“, lacht dieser. „Aber wenn wieder einmal so schönes Wetter ist und wir Appetit auf eine gute Suppe haben, können wir es gerne tun.“
„Dann laden wir wieder alle unsere Freunde ein“, murmelt Lena zufrieden. Und schon fallen ihr die Augen zu, obwohl sie doch noch gar nicht müde ist!

# *Knusprige Blech-Kartoffeln*

(Eingereicht von Liora Knote, Karlskron)

**Bei uns heißt das Gericht:** ______________________________

**Wir benötigen:**

2 kg mittelgroße Bio-Kartoffeln
20-30 g grobes Salz
je 3 TL getrockneten Rosmarin und Thymian
Öl

**So geht's:**

- Kartoffeln gründlich unter Wasser abbürsten und längs halbieren. Schnittfläche mit Salz und Kräutern bestreuen.
- Backblech dick mit Öl bestreichen. Kartoffeln mit der Schnittfläche nach unten daraufsetzen. Im vorgeheizten Backofen bei 180-200 Grad ca. 30 Minuten backen.

**So helfen kleine Köche:**

- Hier können die Kinder fast alles allein machen; ein Erwachsener halbiert lediglich die Kartoffeln und übernimmt das Einschieben in den heißen Ofen.
- Ein Trick, mit dem die kleinen Köche die großen verblüffen werden: Die gewaschenen, halbierten Kartoffeln werden in einen ausreichend großen Gefrierbeutel gegeben. In den Beutel gießt man das Öl und verschließt ihn dann mit einem Gummiband. Nun werden die Kartoffeln so lange geschüttelt und geknetet, bis sie alle gleichmäßig mit Öl bedeckt sind. Das geht ganz leicht und schnell!
  Das Blech wird jetzt nicht mehr eingefettet, sondern nur noch mit Backpapier belegt.

**Tipps für Schleckermäuler:**

Auch hierzu kann sich jedes Schleckermaul seinen eigenen Lieblings-Dip herstellen! (Siehe Schleckermaul-Tipp S. 35)

# Pizzabrötchen

(Eingereicht von Franziska Salowski, Vilshofen)

**Bei uns heißt das Gericht:** ______________________

**Wir benötigen:**

200 g gekochten Schinken
1 kleine Dose geschnittene Champignons
200 g geriebenen Käse
1 Becher Sahne
Pizzagewürz
6 Aufback-Brötchen

**So geht's:**

► Den Schinken würfeln; Pilze abtropfen lassen.
► Alle Zutaten miteinander vermischen und mit Pizzagewürz abschmecken.
► Brötchen halbieren, aushöhlen und Mischung darauf verteilen. Bei 190 Grad ca. 10 Min. überbacken.

**So helfen kleine Köche:**

- Auch hier können die Kinder fast alles allein zubereiten. Ein Erwachsener sollte nur beim Abmessen und Abschmecken behilflich sein und natürlich wie immer die Arbeit am heißen Ofen übernehmen.

**Tipps für Schleckermäuler:**

- Die Krümel der ausgehöhlten Brötchen werden entweder unter die Mischung gehoben oder sofort vernascht!
- Wer keine Champignons mag, ersetzt sie einfach durch Tomatenstückchen.

# Der Tisch ist heute meine Trommel

Text: Lore Kleikamp / Musik: Detlev Jöcker

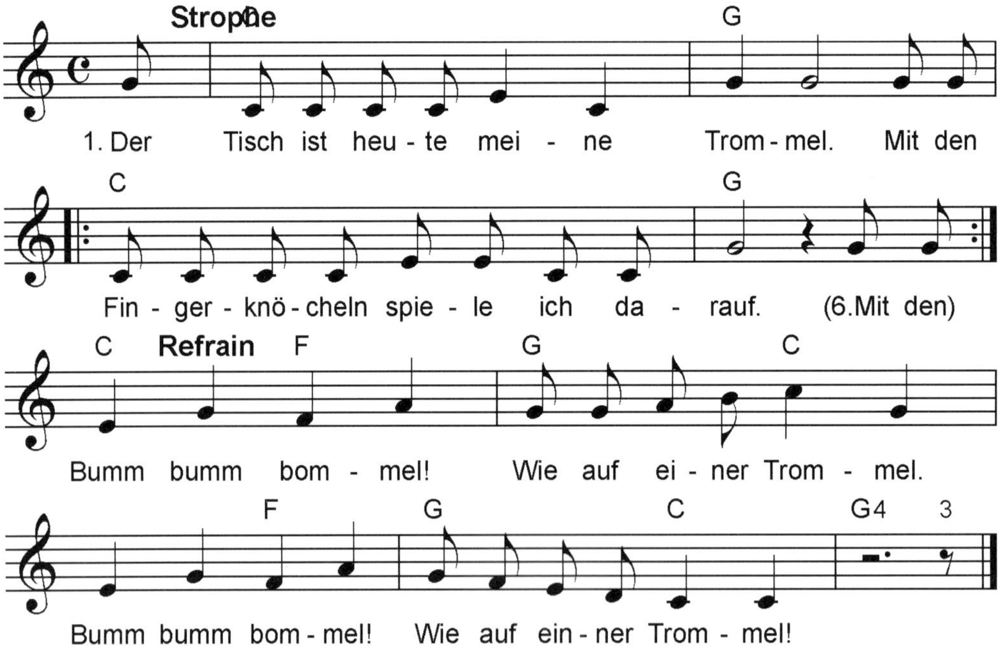


**2.** Der Tisch ist heute meine Trommel.
Mit den flachen Händen spiele ich darauf.

**Refrain:**
Bumm bumm bommel!
Wie auf einer Trommel.
Bumm bumm bommel!
Wie auf einer Trommel.

**3.** Der Tisch ist heute meine Trommel.
Mit geballten Fäusten spiele ich darauf.

**Refrain:**
Bumm bumm bommel ...

**4.** Der Tisch ist heute meine Trommel.
Mit den Ellenbogen spiele ich darauf.

**Refrain:**
Bumm bumm bommel ...

**5.** Der Tisch ist heute meine Trommel.
Auch mit meinem Po, da spiele ich darauf.

**Refrain:**
Bumm bumm bommel ...

**6.** Der Tisch ist heute meine Trommel.
Mit den Fingerknöcheln
spiele ich darauf.
Mit den flachen Händen
spiele ich darauf.
Mit geballten Fäusten
spiele ich darauf.
Mit den Ellenbogen
spiele ich darauf.
Auch mit meinem Po,
da spiele ich darauf.

**Refrain:**
Bumm bumm bommel ...

**Spielanleitung:**
Eine bessere Lockerungsübung für die Finger und Hände gibt es nicht. Der Kü chentisch wird ein bisschen frei geräumt und schon geht es los.

# Der kleine Pirat

„Jetzt darfst du deine Kerzen auspusten, Lennart!“, sagt Papa und streicht seinem Sohn über den Kopf. „Ob du wohl alle sieben auf einmal schaffst?“
Lennart holt tief Luft. Heute ist sein Geburtstag; seine besten Freunde Max, Philipp, Tim und Katharina sind gekommen, um mit ihm zu feiern. Auch Lenas Freundin Joelle ist eingeladen. Mamas selbst gebackene Muffins haben wieder einmal ganz besonders lecker geschmeckt, da wird er doch wohl genug Kraft haben, alle sieben Kerzen mit einem einzigen Atemzug auszublasen?
„Eins, zwei, drei, vier, fünf, sechs, sieben – hurraaa!“, rufen alle am Tisch und singen gleich noch einmal ihr Lieblingslied „Weil du heut Geburtstag hast“ für Lennart. Dann kann die Party losgehen!
Zuerst werden alle Kinder geschminkt. Lennart ist Superman, der wilde Max ein Pirat mit Bartstoppeln und schwarzer Augenklappe, Philipp sucht sich den Chinesen aus und Tim wählt Harry Potter. Auch die Mädchen sind sich schnell einig: Lena möchte als feine Dame feiern, Joelle als Katze und Katharina als Pippi Langstrumpf. Der kleinen Lisa malt Mama eine Mäusenase auf.
Dann spielt Papa mit Lennart und seinen Freunden alle ihre Lieblingsspiele. Unter viel Beifall gewinnt Lena bei der „Reise nach Jerusalem“, Philipp wird Erster beim „Mumienwickeln“ und das Geburtstagskind Lennart ist der geschickteste Fänger bei „Blinde Kuh“. Alle Kinder haben einen Riesenspaß, und als es allmählich auf den Abend zugeht, spüren sie ein leichtes Grummeln in der Bauchgegend. Das kann nur Hunger sein! Lennart stürmt neugierig in die Küche um nachzusehen, was seine Mama für das Abendessen vorbereitet hat.
„Es gibt Pizzabrötchen, die ihr euch ganz allein belegen dürft“, verkündet sie. Aus dem Kühlschrank holt Mama die Zutaten: kleine Schüsseln mit Tomatensoße, Maiskörnern, Paprikastückchen, Zwiebelringen und Salamischeiben. „Legt einfach von dem, was ihr mögt, etwas auf eure Brötchenhälften, und dann schiebe ich alles zum Überbacken in den Ofen. Es dauert nur ein paar Minuten, bis sie fertig sind!“
„Tolle Idee, Mama!“, jubelt Lennart. Doch dann sieht er sich suchend um.
„Fehlt noch etwas, mein Schatz?“ Mama folgt seinem Blick.
Das Geburtstagskind nickt. „Auf eine richtige Pizza gehört doch Käse“, bemerkt er. „Hast du den vergessen?“
„Keine Sorge“, antwortet Mama und lächelt. „Ich habe genug Mozzarella im Kühlschrank liegen. Nur in Scheiben schneiden muss ich ihn noch rasch!“
„Dürfen wir das selbst machen, Mama?“, fragt Lena und hängt sich an Mamas

Arm. „Das haben wir doch schon einmal gemacht, bitte, bitte!“
Mama überlegt einen Augenblick. „Also gut“, willigt sie schließlich ein. „Jedes Kind schneidet sich so viel Käse ab, wie auf ein Brötchen passt. Aber seid schön vorsichtig und verletzt euch nicht! Ich bleibe in der Küche und passe auf.“
Alle Kinder machen sich eifrig ans Werk. Alle bis auf Max, der noch nicht vom Händewaschen aus dem Bad zurückgekehrt ist. Schließlich erscheint auch er in der Küche. Sofort greift er nach dem letzten freien Schneidemesser und baut sich vor den drei Mädchen auf. „Euer Schiff ist gekapert!“, ruft er. „Ich entführe euch jetzt, und euer Kapitän muss Lösegeld zahlen, wenn er euch wiederhaben will!“
Doch im selben Moment ist Lennarts Mama bei ihm und nimmt ihm das Messer weg. „Das geht nicht, Max“, mahnt sie. „So ein Schneidemesser ist doch kein Spielzeug! Wenn du nicht vernünftig damit umgehen kannst, muss ich den Käse für dich schneiden. Oder Lena, die kann das schon sehr gut.“
Max sieht betreten zu Boden. Dass ein Mädchen, das noch in den Kindergarten geht, ein echtes Messer benutzen darf und er nicht – das kann er nicht auf sich sitzen lassen.
„Schon gut, ich hör ja auf“, murmelt er leise. „Dürfen wir denn wenigstens nach dem Essen noch spielen?“
„Eine halbe Stunde noch“, verspricht Lennarts Mama. „Danach kommen eure Eltern, um euch abzuholen.“
Die Pizzabrötchen werden wirklich lecker. Nach dem Essen zieht Lennart Max ins Kinderzimmer. „Willst du meinen Gummisäbel haben?“, fragt er ihn im Flüsterton. „Mit dem kann man zwar keinen Käse schneiden, aber prima Mädchen gefangen nehmen!“

# Überbackene Brötchen

(Eingereicht von Marion Meyer)

**Bei uns heißt das Gericht:** ____________________

**Wir benötigen:**

300 g gekochten Schinken
1 Zwiebel
1 Bund Petersilie
100 ml Crème fine
100 g Halbfettmargarine oder weiche Butter
300 g geriebenen Käse
150 g Magerjogurt
12 Baguette-Brötchen zum Aufbacken

**So geht's:**

- ► Schinken würfeln. Zwiebel schälen und fein hacken.
- ► Petersilie waschen und zerkleinern.
- ► Alle Zutaten miteinander vermengen und auf die halbierten Brötchen verteilen. Im vorgeheizten Ofen bei 180 Grad ca. 10-15 Minuten backen.

**So helfen kleine Köche:**

- Wieder können die Kinder fast alles allein übernehmen. Nur das Abmessen und Zwiebelhacken überlassen sie den großen Köchen!

**Tipps für Schleckermäuler:**

- Wie bei den Pizzabrötchen können auch hier die halbierten Brötchen zunächst ausgehöhlt werden. Jedes Schleckermaul darf selbst entscheiden, was es mit den Krümeln macht ...
- Wer nicht so gern Zwiebel mag, nimmt stattdessen etwas gewürfelte gelbe oder rote Paprika.

# Würziges Schafskäse-Brot

(Eingereicht von Anja Hegemann, Schöneck)

**Bei uns heißt das Gericht:** ____________________

**Wir benötigen:**

1 Päckchen Hefe
750 ml lauwarmes Wasser
1 kg Mehl
1 Tasse Reisschmelzflocken
1 EL Zitrone
2 EL Öl
2 TL Salz
1 Paket Schafskäse

**So geht's:**

- ► Die Hefe mit dem Wasser verrühren. Alle Zutaten bis auf den Schafskäse hinzugeben und das Ganze gut durchkneten.
- ► Schafskäse in Würfel schneiden und nun ebenfalls unter den Teig heben.
- ► Brot formen und auf ein mit Backpapier ausgelegtes Blech legen. Bei 180 Grad ca. 1 Stunde im Umluftofen backen.

**So helfen kleine Köche:**

- Hefe und Wasser anrühren.
- Teig gut kneten. Dabei darf er auch mal kräftig auf die Arbeitsplatte geworfen werden; das macht das Brot schön locker!
- Schafskäse würfeln und unterheben.

**Tipps für Schleckermäuler:**

Für ein pikantes Zwiebelbrot können statt Schafskäse auch Röstzwiebeln untergemengt werden. Lecker zum Abendessen!

# Bunter Wackelpudding

(Eingereicht von Alexandra Flick, Gladbeck)

**Bei uns heißt das Gericht:** ____________________

**Wir benötigen:**
Wackelpuddingpulver in 2 verschiedenen Farben
Früchte der Saison

**So geht's:**

- Wackelpuddingpulver nach Anleitung anrühren bzw. kochen.
- In der Zwischenzeit Früchte waschen, wenn nötig putzen, und klein schneiden. Die gesamte Menge in 2 Hälften teilen.
- Die erste Hälfte in eine Glasschüssel geben und mit der einen Wackelpuddingfarbe übergießen. In den Kühlschrank stellen und etwa 2 Std. fest werden lassen.
- Die zweite Hälfte Früchte darauflegen und mit der anderen Wackelpuddingfarbe übergießen. Das Ganze über Nacht im Kühlschrank ruhen lassen.

**So helfen kleine Köche:**

- Diese Süßspeise muss einen Tag vor dem Fest, also von dem Geburtstagskind selbst, zubereitet werden. Dieses kann die Früchte waschen und vielleicht zerkleinern, in die Schüssel füllen und mit der Wackelpuddingfarbe übergießen.

**Tipps für Schleckermäuler:**

Manche Obstsorten lassen sich gut mit Keksförmchen ausstechen. Wer ist später auf dem Fest der beste Detektiv und findet die meisten Blümchen, Enten o.Ä.? Selbstverständlich darf er sie dann auch verspeisen!

## Das Lied vom Wackelpudding

Text und Musik: Detlev Jöcker

**Refrain:**
Wackelpudding, Wackelpudding,
wackelt hin und her.
Wackelpudding, Wackelpudding,
werden immer mehr.
Wackelpudding, Wackelpudding,
niemand hält mehr still,
weil jeder diesen schönen Tanz
noch einmal tanzen will.

**2.** Fassen wir uns an die Arme,
halten wir sie fest,
dann wackelst du, dann wackelst du,
mit mir gleich um die Wett'.

**Refrain:**
Wackelpudding, Wackelpudding …

**3.** Fassen wir uns an die Nase,
halten wir sie fest,
dann wackelst du, dann wackelst du,
mit mir gleich um die Wett'.

**Refrain:**
Wackelpudding, Wackelpudding …

**4.** Fassen wir uns an die Ohren,
halten wir sie fest,
dann wackelst du, dann wackelst du,
mit mir gleich um die Wett'.

**Refrain:**
Wackelpudding, Wackelpudding …

**5.** Fassen wir uns an die Knie,
halten wir sie fest,
dann wackelst du, dann wackelst du,
mit mir gleich um die Wett'.

**Refrain:**
Wackelpudding, Wackelpudding …

**6.** Fassen wir uns an im Kreise,
halten wir uns fest,
dann wackelst du, dann wackelst du,
mit mir gleich um die Wett'.

**Refrain:**
Wackelpudding, Wackelpudding …

**Spielanleitung:**
- Zum Refrain wie ein „Wackelpudding“ hin und her wackeln.
- Die Strophen werden einfach pantomimisch nachgespielt
- Zum Refrain kann auch eine Polonaise gestaltet werden.

# Erdbeerquark

(Eingereicht von Katja Ludwig, Lambrecht/Pfalz)

**Bei uns heißt das Gericht:** ____________________

**Wir benötigen:**
300 g Magerquark
250 g Erdbeeren
etwas Zucker
etwas Milch

**So geht's:**
- ► Erdbeeren waschen und Blütenstiele entfernen. Früchte dann klein schneiden.
- ► In eine Schüssel geben und mit Zucker bestreuen. Etwas ruhen lassen.
- ► Quark vorsichtig unterrühren. Dabei etwas Milch hinzugeben, damit es schön cremig wird.

**So helfen kleine Köche:**
- Auch diese Speise können die kleinen Köche fast allein zubereiten; Mama oder Papa entfernen lediglich die Blütenstiele.

**Tipps für Schleckermäuler:**

- Je nach Jahreszeit können natürlich auch andere Obstsorten verwendet werden. Oder wie wär's mit einem bunten Früchtequark aus gemischtem Obst?
- Wer's gern besonders saftig mag, püriert erst das Obst mit dem Zucker und hebt dann den Quark unter.

## Erdbeerquark im Winter?

„Endlich ist es so weit! Morgen feiern wir Fasching!“, verkündet Lena strahlend, als Mama sie vom Kindergarten abholt. „Ist mein Hasenkostüm schon fertig, Mama?“

„Das hat zum Glück Oma erledigt. Lisa hat heute Vormittag so viel gequengelt, da hätte ich es kaum geschafft“, antwortet Mama und bindet Lena die Schuhe zu. „Was esst ihr denn auf eurer Faschingsfeier? Soll ich dir wie immer Frühstück mitgeben?“

Lena schüttelt den Kopf. „Annette hat gesagt, wir machen ein Büffet, und jeder soll etwas mitbringen, was er gerne mag. Ich habe gesagt, ich bringe Erdbeerquark mit. Bitte, Mama, darf ich Erdbeerquark mitbringen?“

Mama sieht ihr Töchterchen erstaunt an. „Das ist eine schöne Idee“, meint sie, „den mögen sicher alle Kinder gern. Aber woher sollen wir die Erdbeeren nehmen? Wir haben gerade Mitte Februar, und erst im Juli werden sie reif!“

Lenas Gesicht wird lang und länger. Wann Juli ist, weiß sie längst, denn in diesem Monat hat sie Geburtstag und bisher haben sie immer draußen feiern können. Ihren Lieblings-Erdbeerquark hat Mama auch jedes Mal aufgetischt. Und ausgerechnet zu der tollen Faschingsfeier im Kindergarten soll das nicht möglich sein?

„Sei nicht traurig“, versucht Mama sie zu trösten. „Ich muss sowieso noch schnell in den Supermarkt, um einen Liter Milch und ein Päckchen Blätterteig zu kaufen. Dort schauen wir gemeinsam, ob es nicht eine andere Obstsorte gibt, aus der wir eine leckere Quarkspeise zaubern können! Einverstanden?“

Aber das ist gar nicht so einfach. Die Äpfel sind Lena zu hart, die Bananen schmecken ihr nur ohne Quark und die Apfelsinen sind ihr zu sauer. Doch als sie noch einmal um die Verkaufstische herumwandert, hellt sich plötzlich ihr Gesicht auf. Strahlend nimmt sie ein durchsichtiges Schälchen in die Hand und hält es in die Höhe.

„Hier sind doch Erdbeeren, Mama!“, ruft sie so laut, dass sich ein paar Leute nach ihr umdrehen. „Von wegen, die gibt es erst im Juli!“

Aber Mama nimmt ihr das Schälchen mit den leuchtend roten Früchten wieder aus der Hand. „Diese Erdbeeren stammen nicht von hier“, erklärt sie Lena. „Sie sind in einem Land gewachsen, wo es jetzt schon so warm ist wie bei uns im Sommer. Dort wurden sie gepflückt, als sie noch nicht mal ganz reif waren, und mit dem Flugzeug zu uns gebracht. Aber sie schmecken längst nicht so gut wie Erdbeeren, die in der Sonne in aller Ruhe reifen durften. Außerdem schwitzen sie in diesen Schälchen. Siehst du dies hier?“ Sie zeigt auf eine weiße

Stelle am Boden des Schälchens, die beinahe aussieht wie Spinnweben. „Sie fangen schon an zu schimmeln. Solche Erdbeeren kann man nicht mehr essen."

Das versteht Lena. Trotzdem ist sie noch traurig, dass es nun zum Fasching keinen Erdbeerquark geben soll. Auch Mama schaut ein wenig betrübt drein. Wie gern möchte sie Lena helfen!

„Du könntest doch Kräuterquark mitnehmen", schlägt sie vor. „Zu Hause habe ich Petersilie, Schnittlauch und Basilikum in meinen kleinen Töpfen auf dem Fensterbrett in der Küche. Die rühren wir mit Quark an, und dann könnt ihr Mohrrübensticks und Kräcker hineintunken. Was hältst du davon?"

„Na guuuuut", brummelt Lena. Kräuterquark mag sie gern; zusammen mit Pellkartoffeln ist er sogar ihr zweites Lieblingsessen. Trotzdem freut sie sich noch immer nicht richtig, als Mama nach einem Bund Möhren greift, ihn in den Einkaufswagen legt und dann die Tiefkühltruhe ansteuert. Obwohl, da kommt ihr ein Gedanke …

„Sieh mal, Lena!", ruft Mama plötzlich, lacht über das ganze Gesicht und hält außer ihrem Päckchen Blätterteig noch eine Tüte in die Höhe, auf der ein ganzer Berg glänzender roter Erdbeeren abgebildet ist. „Diese Erdbeeren könnten wir nehmen. Sie wurden gleich nach der Ernte eingefroren, so verderben sie nicht und schmecken nach dem Auftauen fast so gut wie frische! Nun bekommst du doch noch deinen Erdbeerquark!"

Doch Lena sieht die Tüte an, wiegt den Kopf hin und her und lächelt verschmitzt. „Ach, lass nur, Mama", sagt sie schließlich. „Eigentlich passen Mohrrüben viel besser. Joelle und ich sind doch Hasen. Und wenn wir spielen, dass uns die anderen füttern müssen, bekommen wir am meisten von dem leckeren Quark!"

## Wischi wischi waschi

Text: Lore Kleikamp / Musik: Detlev Jöcker

**2.** Ich wasche meine Hände,
die Hände und die Arme auch.
Ich wasche meine Hände,
die Hände und die Arme auch.

**Refrain:**
Wischi wischi waschi wischi,
die Hände und die Arme auch.
Wischi wischi waschi wischi,
die Hände und die Arme auch.

**3.** Ich wasche meine Schultern,
die Schultern und das Bäuchlein auch.
Ich wasche meine Schultern,
die Schultern und das Bäuchlein auch.

**Refrain:**
Wischi wischi waschi wischi,
die Schultern und das Bäuchlein auch.
Wischi wischi waschi wischi,
die Schultern und das Bäuchlein auch.

**4.** Ich wasche meine Beine,
die Beine und die Knie auch.
Ich wasche meine Beine,
die Beine und die Knie auch.

**Refrain:**
Wischi wischi waschi wischi,
die Beine und die Knie auch.
Wischi wischi waschi wischi,
die Beine und die Knie auch.

**Spielanleitung:**
Mit einigen „Küchen-Strophen" wird sogar Waschen von Zutaten nicht langweilig. z.B.:

Ich wasche jetzt die Gurken,
die Gurken wasche ich jetzt auch.
Ich wasche jetzt die Gurken,
die Gurken wasche ich jetzt auch.

**Refrain:**
Wischi wischi waschi wischi,
die Gurken wasche ich jetzt auch.
Wischi wischi waschi wischi,
die Gurken wasche ich jetzt auch.

Ich wasche die Tomaten …

# Schokoquark

(Eingereicht von Kerstin Bednarczyk, Rehfelde)

**Bei uns heißt das Gericht:** ______________________

**Wir benötigen:**

1 Becher Quark
4 EL Schokocreme
etwas Milch

**So geht's:**

► Alle Zutaten werden gut mit dem Schneebesen verrührt.

**So helfen kleine Köche:**

• Das schaffen die Kinder ganz allein!

**Tipps für Schleckermäuler:**

Diesen Nachtisch kann man auch halb aus Quark, halb aus Jogurt zubereiten. Dadurch wird er etwas cremiger und man benötigt keine Milch mehr.

# Muffins

(Eingereicht von Andrea Kraus, Niedernhall)

**Bei uns heißt das Gericht:** ______________________________

**Wir benötigen:**

250 g weiche Butter
150 g Zucker
1 Päckchen Vanillepulver
6 Eier
250 g Mehl
1 Päckchen Backpulver

**So geht's:**

- Butter, Zucker und Eier mit einem Schneebesen schaumig rühren.
- Mehl und Backpulver unter Rühren hinzugeben.
- Mit Hilfe von 2 Löffel Teig in 12 Papierförmchen oder eine gefettetete Muffin-Form füllen und bei 170 Grad ca. 15 Minuten backen.

**So helfen kleine Köche:**

- Muffins können ganz besonders gut von Kindern gemacht werden, denn sie werden umso lockerer, je langsamer man den Teig rührt!

**Tipps für Schleckermäuler:**

Nach dem Abkühlen darf sich natürlich jedes Schleckermaul seinen Muffin selbst verzieren: Mit Hilfe von heller oder dunkler Glasur werden bunte Streusel, Smarties, Gummibärchen o.Ä. befestigt.

## Popcorn-Fieber (Popcorn machen)

Text: August van Bebber / Musik: Detlev Jöcker

**2.** Im Zoo ist heut die Hölle los,
die ganze Affenbande brüllt.
Der Löwe freut sich, denn gleich
wird sein allergrößter Wunsch erfüllt.
Die Papageien kreischen „Mehr!"
Die Wärter leisten Schwerstarbeit.
Die Krokodile sind entzückt:
im Zoo ist heute Popcornzeit!

**Refrain:**
Popcorn, Popcorn–Fieber,
die Ärzte wissen keinen Rat!
Popcorn, Popcorn–Fieber,
da glüht der Popcornautomat!
Popcorn, Popcorn–Fieber,
ein jeder hat sich angesteckt!
Popcorn, Popcorn–Fieber,
weil Popcorn einfach super schmeckt!!

**Refrain:**
Popcorn, Popcorn–Fieber ...

# Amerikaner

(Eingereicht von Barbara Fauser, Hattenhofen)

**Bei uns heißt das Gericht:** ____________________

**Wir benötigen:**

75 g weiche Margarine
100 g Zucker
1 Päckchen Vanillezucker
2 Eier
abgeriebene Schale einer Zitrone
400 g Mehl
1 Päckchen Backpulver
1/8 l Milch
1 Prise Salz
Zitronenguss
zum Verzieren Smarties, Streusel, gehackte Mandeln o.Ä.

**So geht's:**

- Margarine und Zucker in der Küchenmaschine schaumig rühren.
- Die restlichen Zutaten unter Rühren hinzugeben.
- Mit Hilfe von 2 Esslöffeln ca. 10 Teighäufchen in großen Abständen auf ein mit Backtrennpapier ausgelegtes Blech setzen und bei 200 Grad ca. 15 Minuten backen.
- Zitronenguss, zum Verzieren Smarties, Streusel, gehackte Mandeln o.Ä.

**So helfen kleine Köche:**

- Unter Aufsicht die Zutaten in die Küchenmaschine schütten.
- Amerikaner mit Guss bestreichen und verzieren

**Tipps für Schleckermäuler:**

Etwas ältere Kinder können ihre Amerikaner mit kleinen Motiven verzieren, beispielsweise einem Haus aus Smarties, einer Blume aus Gummibärchen oder einem Buchstaben aus Streuseln.

# Im großen Wald von Pitzenstein

Text: Lore Kleikamp / Musik: Detlev Jöcker

**Strophe**

**2.** Im großen Wald von Pitzenstein,
Pi Pa Pitzenstein,
da wohnt der Herr von Stachelschwein,
Stachelschwein.
Er klatscht so gerne in die Hand,
in die Hand,
einmal, zweimal –
und ruht sich wieder aus.

**3.** Im großen Wald von Pitzenstein,
Pi Pa Pitzenstein,
da wohnt der Herr von Stachelschwein,
Stachelschwein.
Er stampft so gerne mit dem Fuß,
einmal, zweimal, dreimal –
und ruht sich wieder aus.

**4.** Im großen Wald von Pitzenstein,
Pi Pa Pitzenstein,
da wohnt der Herr von Stachelschwein,
Stachelschwein.
Er lacht so gerne jedem zu,
einmal, zweimal, dreimal, viermal –
und ruht sich wieder aus.

**5.** Im großen Wald von Pitzenstein,
Pi Pa Pitzenstein,
da wohnt der Herr von Stachelschwein,
Stachelschwein.
Er schüttelt gerne deine Hand,
einmal, zweimal ... *(zählen bis)* fünfmal –
und ruht sich wieder aus.

**6.** Im großen Wald von Pitzenstein,
Pi Pa Pitzenstein,
da wohnt der Herr von Stachelschwein,
Stachelschwein.
Er läuft so gern mit dir im Kreis,
einmal, zweimal ... (*zählen bis*) sechsmal –
und ruht sich wieder aus.

**7.** Im großen Wald von Pitzenstein,
Pi Pa Pitzenstein,
da wohnt der Herr von Stachelschwein,
Stachelschwein.
Er tanzt so gerne, auch mit dir,
einmal, zweimal ... (*zählen bis*) siebenmal –
und ruht sich wieder aus.

**Spielanleitung:**
Dieses Bewegungslied macht Spaß und lockert auf. Da die Bewegungen in den Strophentexten schon gesungen werden, kann jeder sofort mitmachen.

**DETLEV JÖCKER & seine Lieder** ...durch ein ganzes Kinderleben!

**Babys erste Musik zum Einschlafen und Träumen**
CD ab 0

**Neue Lern-, Spiel- und Bewegungslieder durch ein kleines Kinderleben**
CD/MC/LiederSpieleBuch ab 2

**Neue Lern-, Spiel- und Bewegungslieder**
CD/MC/LiederSpieleBuch ab 0

**Neue Spiel- und Lernlieder für die Kleinsten**
CD/MC/LiederSpieleBuch ab 2

**Die schönsten Bewegungslieder von und mit Detlev Jöcker zum Mitsingen und Mitmachen** DVD/CD ab 3

**17 neue, pfiffige Bewegungs- und Spiellieder**
CD/MC/LiederSpieleBuch ab 2

## Gewinnen Sie die bunte Liederwelt von Detlev Jöcker

DETLEV JÖCKERs bunte Liederwelt

### Wo wird gekocht und gesungen ?

❒ Villa Hüpfeburg
❒ Villa Menschenkinder
❒ Villa Kunterbunt

### Welche Schulnote würden Sie diesem Buch geben?

❒ sehr gut ❒ gut ❒ befriedigend
❒ ausreichend ❒ mangehaft ❒ ungenügend

**www.detlevjoecker.de**

**Das bunte Liederhaus:**
Unter allen Einsendungen verlosen wir das Liederhaus von Detlev Jöcker (incl. 24 CD's und 10 Bücher im Gesamtwert von über 500€).

Einsendeschluss ist der 30. Juni 2009